中公新書 2772

春日武彦著

恐怖の正体

トラウマ・恐怖症からホラーまで

中央公論新社刊

はじめに

長い年月、中学校で国語を教えていた知人Nが語った話である。

教室がざわついているというか、全体に落ち着かない。私語が飛び交い、おどけながら後ろを振り向いたり、机にまだ教科書を出していない生徒もいる。しばらく教壇からじっと黙ったまま彼らを見渡していたが、静かになりそうな気配はない。

Nは少々思案してから、そっと黒板に歩み寄り、チョークで〈恐怖〉という二つの文字を大きく書いた。それから、さきほどの続きで「あえて」沈黙を守っていた。

すると生徒たちが黒板の文字に気づき始めた。おや？　という表情で彼に注目するようになった。「恐怖の掃除当番！」などと大声を上げて笑い合うような生徒もいたが、やがて教室のざわめきは徐々に消え、教諭が何を語り出すだろうと期待が膨れ上がりつつあるのが感じられた。

「今日の君たちはあまり勉強する気分でないようだから、ちょっと雰囲気を変えよう。皆で、恐怖を覚えたとか怖くて震えた――そういった経験について話し合ってみよう」

そんな提案をNがすると、生徒たちはたちまち目を輝かせた。まずNが、子ども時代に田舎で、独りで裏山に迷い込んで脱出が叶《かな》わず、誰にも発見してもらえないまま不安な一夜を過ごした話を披露した。かなり誇張や脚色を施して。

教室はしばらく恐怖談議で盛り上がり、活発な発言が相次いだ。誰もが饒舌《じょうぜつ》になった。最後にNが締め括《くく》りとして「今、君たちにとって最大の恐怖は、期末試験かな」と言うと、生徒全員が笑顔で深く頷《うなず》いたという。

黒板に〈恐怖〉と書くなんて発想はどうやって得たのかとNに尋ねてみると、自分でも分からないと彼は答える。

「でも、少なくともこの二文字だけで、インパクトは絶大だろ」

彼は眠そうな表情でそう呟《つぶや》いた。


この話が妙に印象に残っている。たしかに恐怖というテーマは人を惹《ひ》きつける。恐怖には、怪異や非日常から身につまされる体験までさまざまな出来事が含まれる。どんなものに恐怖を感じ、どのように振る舞い、それをどんな言葉で語るかによって、当人の人間性がありありと立ち上がってくるようにも思える。

精神科医として臨床に携わっていると、恐怖そのものをダイレクトに訴えてくる人には滅多に出会わないことを知る。だが彼らの症状の根底には、遠い過去に、さまざまな形で遭遇した「恐怖」が横たわって影響を及ぼしていることが少なくない。いわゆるトラウマも、広義の恐怖体験と見なせるのではないか。自分ではうつ病だとさかんに主張しているが、実際には職場恐怖症であると判断されるケースもある。妄想と恐怖とが合体して、頭の中が大変なことになっている人もいた。自分では意識していない恐怖は案外多い。

閉所恐怖や高所恐怖で仕事に差し支えて困ると縋《すが》ってくる人には、なぜか一度も遭遇していない。もしかするとカウンセラーのほうを訪ねているのかもしれないが、カウンセリングや行動療法で簡単に治るとも思えない。薬を使ってもかなり難しいだろう。だからたとえばピエロ恐怖を何とかしろなどと要求されても打つ手がない（そのように訴えてきた人もいないが）。そもそもわたし自身が甲殻類恐怖症で、六十年以上持続しているが、もはや諦めの境地である。

恐怖に悩まされつつ日々を送っている人もいれば、恐怖小説やホラー映画、お化け屋敷やジェットコースターなど恐怖を体感するアトラクションに夢中になる人たちもいる。いや、どちらも兼ねているのがむしろ普通ではないのか。

矛盾を平気で抱え込めるのが人の心の特徴であるとわたしは思っているが、恐怖をテーマに据えるとそうした特徴がなおさら際立ってくる。黒板に書かれた〈恐怖〉という文字に強く反応した中学生たちだって、ささやかだけれどシリアスな恐怖と、娯楽としての恐怖との狭間《はざま》で青春に目覚め始めていたに違いないのである。

本書は、恐怖について、さまざまな切り口で考察を試みようと悪戦苦闘した産物である。留意したことがいくつかある。まず、精神科医としての経験や知識を駆使して恐怖に迫ってみること。そして、ゴキブリ恐怖や集合体恐怖 Trypophobia といった恐怖症の原因について、自分なりの見解を示すこと。心理学の実験だとか脳の特定部位がどうしたといった「あたかも」科学的な、しかし無味乾燥な話は極力避け、恐怖と娯楽との関係について、読者と一緒に楽しみながら柔軟に思考を進めていきたい。

恐怖に関して、「痒《かゆ》いところに手が届く」書物とはあまり出会ったことがない。この小著がそれに該当し得るかいささか心許《こころもと》ないのは事実だが、多少なりとも知的興奮を感じていただければ何よりである。黒板に〈恐怖〉と大書したNのように、相応の面白さを提供できなければ意味がない――そのように思いながら、モニターを前にキーボードを叩《たた》いた次第である。

恐怖の正体†目次

第一章　恐怖の生々しさと定義について

いかに恐怖を定義するか

恐怖という感情を簡潔に定義ないしは説明しようとしても、意外と難しい。どんなに工夫をしてみても、何か言い残した部分があるような気持ちが付きまとうのである。弘文堂の『新版 精神医学事典』(加藤正明ほか編)を繙《ひもと》いてみると、〈恐怖症〉という項目はあっても〈恐怖〉という項目自体がない。〈恐怖症〉は神経症の一部――すなわち疾患として認識されているいっぽう、〈恐怖〉についてはあらためて解説するまでもない心理現象であり、だから自分の胸に訊《き》いてみよ、といったところなのだろうか。

『大辞林 第一版』(三省堂)では恐怖を「恐れること。恐れ」と同義反復のような説明で茶を濁している。仕方がないから〈恐れ〉を調べると、「危険を避けたい、安定した状態を破られたくない、という思い。こわいという気持ち」となっていて、〈こわい〉は「危害を加えられそうで逃げ出したい感じだ。自分に危険なことが起こりそうで身がすくむ思いだ」と、妙に下世話な釈解がなされている。

心理学者の村瀬学《むらせまなぶ》はシンプルに、「恐怖とは何か。それは安全からのはずれ、あるいは安全でなくなることへの反応である」（『恐怖とは何か』JICC出版局）と書く。たしかに明快かつ歯切れの良い定義だ。これで必要十分なのかもしれない。だが、安全でないのが恐ろしいのなら安全ベルトを装着すればそれで安心というような、どこか身も蓋もない表現にも思えてしまう。

あるいは、たとえばわたしの場合。幼い頃から甲殻類恐怖症なのであるが、缶詰のレッテルに描かれている蟹《かに》の絵を見ただけで鳥肌が立つ。そのときに生じている生々しい恐怖感は安全・安心の文脈とは違うだろう。危険を避けたくなる気持ちとも異なる。むしろグロテスクな姿や習性、動きに対する不快感に近い。それは根源的な不快感だ。ちなみに蟹の鋏《はさみ》にはさまれて痛い思いをしたとか、蟹を食べて食中毒になった、などという忌まわしい体験は当方には一切ない。

止まった電車

実際に起きた事件であるが、電車が駅と駅との中間でいきなり立ち往生してしまったという。そのため、ちょうど踏み切りを塞ぐ形になった。晴れた真昼のことだ。

いつまで待っても、自動車も歩行者も電車に通せんぼをされたままである。遮断機は上がる気配がない。一分後に動き出すのか、一時間後に動き出すのか見当もつかない。情報は何もない。

　このまま待っているのは嫌だが、だからといって今さら道を引き返して別のルートを歩くのも腹立たしい。どうすべきなのか、判断の下しようがない。だが為《な》す術《すべ》もなくじっと突っ立っているのは、いかにも間抜けに思えてくる。

　業を煮やした初老の男性が、止まっている電車の下をくぐり抜けようとした。床下と線路とのあいだの、機械の箱や配線がぶら下がっている空間を這《は》って通り抜けようとしたのだ。無謀な話だが、電車の床下の向こうに踏み切りの反対側の風景がくっきりと見える。アスファルトの灰色や、そこに落ちている建物の影、街路樹の根っこや自動車の下半分、自転車の車輪や通行人の足。余りにも鮮やかに見えるので、手招きされているように感じてしまったのかもしれない。

　男性は四つん這いになり、さらに身体を低くし、匍匐《ほふく》前進で芋虫のように電車の下をくぐり始めた。自分では「勇気ある男」のつもりでいたのかもしれない。だがいざくぐってみると、予想外に狭くて動きは制限され、さながらハエトリグサに捕らえられた昆虫である。けれども、いつまでもぐずぐずしているわけにはいかない。気は焦るのだが、なかなか前に進めない。レールは柵《さく》のように邪魔な障害物として行く手を阻むし、敷かれた砂利は膝や掌《てのひら》を痛めつけてくる。

くぐり抜けるのが難しそうなら、速やかに断念して後退すべきだったのだ。だが彼としては、それはみっともないことだったのだろう。十人を超える（小心者の）市民たちが、彼の振る舞いを驚いた表情で注視していたのだから。

そうこうしているうちに、不意に目覚めたように電車が動き出してしまった。もちろん人間が下をくぐっていることなど車掌は知らない。悲鳴も運転士の耳には届かない。男性は、「ゆっくり」と十両編成の電車に轢《ひ》き殺されることになった。

これは恐ろしい。電車が動き始める際には、短く警笛を鳴らす。どこか朗らかな響きの音だ。電車の下でその軽やかな警笛を耳にしたとき、男性はどれだけ驚愕《きょうがく》し、戦慄《せんりつ》しただろうか。あわてて這い出そうにも、狭苦しい空間で身動きもままならない。後ずさりするのも、もはや難しい。

そうこうしているうちにブレーキの解除される音が耳に入る。彼は床下に取り付けられている機具に小突かれ、その有無を言わせぬ絶対的な力に息を呑《の》む。残忍なプログラムは粛々と進行し、重い鉄の車輪と線路のあいだに肉体が銜《くわ》え込まれる。そうしてモーター音の陽気な高鳴りとともに、せっかちな男性はじりじりと肉を挽《ひ》かれ、内臓を潰され、血を絞り出され、骨を砕かれていったわけである。

そんな状況に陥った彼が死に至るまでの数十秒のうちに感じていたものを、安全感の喪失をキーワードに表現しても、それではあまりにも不十分ではないか。狼狽《ろうばい》、絶望感、後悔、不条理感などがこれ以上なく濃縮されて彼を襲ったに違いない。もしかすると、頭上の車内でのどかな表情を浮かべている乗客たちの姿も、一瞬、脳裏をかすめたかもしれない。そしてそのような事件を知ったわたしたちは、男性が囚《とら》われたであろう恐怖の感情のみならず、そうした不幸なタイミングを見計らって電車を出発させた「運命」の意地悪さや、恐怖や苦痛を目一杯長引かせて轢き殺したその冷酷な成り行きに絶句する。

参考までに「苦痛に身悶《みもだ》えしつつゆっくりと轢き殺される」という悪夢そのもののような体験を小説に仕立て上げた実例には、筒井康隆のデビュー作である短篇「お助け」(『にぎやかな未来』所収)がある。読んだときには血の気が引いた憶《おぼ》えがある。

警戒心、不安

中国出身、アメリカで活躍した地理学者(人文主義地理学)であるイーフー・トゥアン(一九三〇~二〇二二)の『恐怖の博物誌』(金利光訳、工作舎)においては、「では恐怖とはいったい何だろう? それは警戒心と不安という、はっきり区別されるふたつの心理的緊張がからみあった感情だ」と説明される。そして「警戒心は環境にふだんとちがう出来事が発生することで喚起される」と述べ、さらに不安については、「不安とは何か危険が起こりそうな予感といっていいが、その危険の原因が何なのかははっきりわからない。これだと特定できる脅威が周囲に見あたらないため、確固とした対応をとろうにもとれないのだ」と記す。一般的に、不安はそれをもたらすものの正体が曖昧である。他方、恐怖は正体が明確化して危険やダメージが予測されるけれども、逃げたり逆に立ち向かうのが困難な際に生ずる感覚だろう。いずれにせよ、無力感やもどかしさが大きな要素を占める。

さてそうなると、イーフー・トゥアンの定義は少々風変わりに思えてくる。警戒心は予兆への反応であり、それをもたらす存在の正体がはっきりしていることもあれば曖昧模糊《あいまいもこ》としている場合もある。不安感は、正体が分からないからこそ不安をもたらす。警戒心と不安とが絡み合った感情が恐怖だと彼は説明するわけだが、つまり「環境にふだんとちがう出来事が発生」すれば、その「ふだんとちがう出来事」の内容如何《いかん》で恐怖へと格上げされると言っているように読めるのだ。

すなわち、些細《ささい》な異変や違和感（それらはそれなりに客観性を持つものの、解釈の時点で主観性に大きく左右されてしまうところが肝要だろう）はもうそれだけで十分に立派な恐怖として立ち上がり得る。正体なんか分からなくとも、警戒心を惹起《じゃっき》させるに足る具体的な断片――たとえば、信じ難い力で引き千切られた野生動物のパーツとか、無残に頭を齧《かじ》り取られた家畜の死骸とか――さえあれば、その時点で不安は確実に恐怖と化す。なるほど、少なくともホラー映画や恐怖小説を考えた場合にはこのほうがしっくりしそうだ。

そのあたりを整理する手掛かりとして、SUNABAギャラリー代表で文筆家の樋口ヒロユキが『恐怖の美学』（アトリエサード）で語る恐怖についての説明は的確だ。「つまり恐怖とは単なる生理的、動物的な恐怖のセンサーであるだけではなく、死にまつわる記号に触れた時にも起こる、きわめて人間的な感情でもあるわけだ」と。夜の墓場だとか暗がり、廃墟《はいきょ》、（もちろん、信じ難い力で引き千切られた野生動物のパーツとか、無残に頭を毟り取られた家畜の死骸とかも）の類は「いずれも死や衰退、遠い過去といったものに結びついた記号」であり、「夜の墓場の肝試しとは一種の記号消費であり、原初的な文化鑑賞なのだ」。

確かに記号という概念による説明は正鵠《せいこく》を射ている。スマートだ。いっぽうそれはそれとして、わたしとしては正直なところ、もっと泥臭い説明をしてみたい気持ちが強い。不器用でたどたどしくても、嫌なものを曝《さら》け出すような取り組み方で臨みたい。もはやそれは好みの問題であり、どのような説明が腑《ふ》に落ちるかは十人十色であるような気がする。

悪趣味な話

恐怖に関しては、グロテスクとかキモい（気持ち悪い）感覚との関連にも目配りが必要だろう。さきほどの電車くぐり抜け事件も結果的にはグロテスクの範疇《はんちゅう》だが、もっと鬼面人《きめんひと》を驚かすといったものとして、東京法経学院出版から刊行された『明治・大正・昭和　事件・犯罪大事典』（事件・犯罪研究会編）を参考に、《焼場男性死体の腹から胎児飛び出し事件》という面妖なケースを紹介してみよう（事典でこの項の執筆は、奥田博昭）。

品川区在住の野田伊太郎（六十二歳）は、胃癌《いがん》のため千代田区富士見町の東京逓信病院で死去した。一九四八年一月二十六日のことである。葬儀が終わり、棺《ひつぎ》の蓋には釘《くぎ》が打たれ、翌々日の二十八日に遺体は渋谷区の代々幡火葬場で荼毘《だび》に付された。

ここまでは問題がない。あとは灰になるのを待つだけだ。

いつものように火葬夫の竹内辰次郎は、焼け具合を確かめるべく小窓から窯の中を覗《のぞ》いた。すると炎に包まれた遺体の腹から胎児が飛び出しているのが見えたのである。胎児？　しかも遺体は男性だった筈《はず》だ。うろたえつつも辰次郎は火を止め、声を震わせながら代々木警察署に事件を届け出た。

辰次郎が目にした光景は、もちろん錯覚などではなかった。野田伊太郎の腹から飛び出したものはまぎれもなく胎児で、それは受胎後約八ヶ月のものと判明した。

調べてみると、野田は東京逓信病院で息を引き取った後、同病院から委託を受けている東大医学部外科研究室助手M（三十七歳）によって、癌の広がりや治療効果を確認するべく解剖されていた。となれば、もはや彼が案件に深く関係しているとしか思えない。早速、死体損壊の容疑でMは身柄を拘束され、そこで語られた事件の経緯はあまりにも常識を超えた話であった。

Mは遺体を解剖し、癌細胞に冒された内臓を取り出した。すると腹に大きく虚《うつ》ろな空間が生じてしまう。当たり前のことだ。そこが空っぽのままでは遺体が変形して、遺族に渡せない。何か詰め込む物はないかと探したが見つからない。「そこで看護婦に命じ、不用になり捨てることになっていたフォルマリン漬けの古い胎児二体を標本室から持ってこさせ、それを解剖死体の腹部に詰め、縫い合わせたものだった」。

呆《あき》れた話である。藁《わら》だの襤褸《ぼろ》の代わりに、何の躊躇《ちゅうちょ》もなく死んだ赤ん坊を詰め込んだのだ。胎児は四ヵ月と八ヵ月くらいのものと推定され、おそらく四ヵ月のほうは先に燃え尽きてしまったのだろう。

胎児は埋葬許可証が取得されていたので（法律的には）問題はなかった。しかし、そもそも野田伊太郎の遺体解剖を家族は拒否していたのである。それを身内の許可なく勝手に解剖してしまい、おまけに解剖された当人とはまったく無関係な胎児を腹部に縫い包んで知らぬ顔を決め込んでいたのである。いくらなんでも穏便には済むまい。が、最終的には示談が成立したという。また解剖の動機が研究熱心なあまりにということで起訴には持ち込まれなかった。現在では到底考えられない結末である。

そのような奇矯な事件であるが、少なくとも火葬夫・竹内辰次郎にとって、燃えつつある遺体から胎児が飛び出した光景は恐怖以外の何物でもなかっただろう。M医師のグラン・ギニョールめいた行為はグロテスクそのものであり、人間の尊厳を平然と踏みにじる。まったくのところ、彼の冷血な、さもなければ鈍感きわまりない精神にわたしは恐怖を覚えずにはいられない。そして事件全体はさながら悪質な冗談のごとき歪《ゆが》んだ様相を呈しており、総括すればもはやキモい出来事としか形容できない。

グロテスクやキモさ、さらには異様なユーモアは、ときに恐怖と兄弟のような関係を成すのである（グロテスクについては、第五章であらためて論じたい）。

背後の人

先入観や偏見が、ある種の恐怖を招来することもある。

わたしは精神科医となる前に六年ばかり産婦人科医として勤務していた。当時の産婦人科医療は今から見ればきわめて素朴なレベルの技術で支えられていた。たとえば妊娠の確定である。もちろん超音波エコーによる画像診断など存在しない。婦人の尿を使った免疫学的な検査、いわゆる妊娠反応のキットなんてものも存在していない。妊娠すると尿にある種の女性ホルモンが混ざるようになるので、尿をウサギに注射して一週間くらいしてからそのウサギを解剖する。ホルモンの作用でウサギの卵巣に変化が生じている。それを以《もっ》て妊娠と判断していた。妊娠の確認にウサギ一匹が必要なわけで、そう気楽に行えるテストではない。多くの場合は妊娠によって当人の子宮が大きくなり、その他いろいろな妊娠兆候が出るのを待つしかなかった。ちなみにウサギではなく食用ガエルを使っての妊娠検査もあり、わたしが属していた大学病院の医局ではカエルの面倒を見る「カエル当番」という役割があった。

さて病院でわたしがある分娩《ぶんべん》を担当したときのことだ。その時代は立ち会い分娩といった習慣はほとんどなく、夫は廊下のベンチでじっと待っているのが普通であった。ところがその分娩においては、夫が立ち会うという。それもやや変則的な形で、分娩室の隅に置かれた椅子に座ったまま夫は赤ん坊が生まれるのをじっと待つというのである。

夫は漆黒のサングラスを掛けていた。目の見えない人なのである。ミュージシャンであり、ヒット曲もあった。痩せている。髪が長く黒っぽい服装で、背筋を伸ばし両手はきちんと膝に置いて身じろぎもしなかった。話し掛けてみても、ほとんど喋《しゃべ》ろうとしない。偏屈というか、いささか近寄り難い雰囲気があった。どこか攻撃的なトーンを抑え込んでいるような感触もあった。

盲目の人は、ちょうどわたしの背後に座って沈黙を守っている。目が見えない人は聴覚が発達しているだろう。ましてやミュージシャンなのである。聴覚以外にも、さまざまな感覚が鋭いに違いない。しかも彼にとって初めての子どもが生まれようとしている。意識を今ここに集中させている筈だ。

わたしは夫がここに居合わせていること自体に非常な圧迫感を覚えていた。なるほど視力は失っているだろうが、それと引き換えに直感とか閃き《ひらめ》、インスピレーション、すなわち理性や常識を超えた能力を彼は持ち合わせているのではあるまいか。医療行為において、わたし自身でも明瞭には自覚していないような戸惑いや不安などを鋭く察知し、いきなり顔を真っ赤にして立ち上がり「おい、お前！　ミスをしたらただでは済まないからな」と怒鳴りつけてくるのではないか。あるいは急に近づいてきて、当方の耳元に低い声で「その判断に、あなたは自分の命を賭けられますか」と囁《ささや》いてくるのではないのか。こうして書いてみると馬鹿げているように読者は感じるかもしれないが、そのときのわたしはリアルにそのような圧迫感、いや恐怖を覚えていたのだ。ものすごく怖かった。

医師として疚《やま》しいところなどなかったのに、全盲の人に対する無理解と先入観と偏見とが、いとも簡単に恐怖を立ち上げてしまったのである。わたしは汗びっしょりになりながら、とにかく失敗したらヤバいと怯《おび》えつつ仕事をしていたのだった。おそらくそうした動揺を夫は感知していたであろう。だが似たような経験を今までに何度もしていて、「ああこの医者もなのか」と内心軽蔑していたかもしれない。

このエピソードが当方の無知と鈍感さと自信欠如に由来しているのは確かだ。だとしても、それだけで片付けられる話なのだろうか。

夫はどんなふうに世界を認識し理解しているのか。彼にとって世界の感触はわたしの感じるそれとどれだけ隔たっているのか。どこか根源的な部分において自分とは大きく異なっているかもしれない人が、背後でこちらに向かって沈黙したまま座っているという居心地の悪さは、やはり恐怖につながっている。いや、それを敷衍《ふえん》すれば、あらゆる人たちが不可解かつ不気味といった結論になってくる。

詩人で評論家の遠丸立（一九二六〜二〇〇九）は『恐怖考』（仮面社）で、「恐怖とは空虚や無、それに未知なもの、異風なもの、深淵《しんえん》やくらやみ……に接したとき原意識からおしだされる第一次的情緒なのだと推察される」と書いているが、なるほどそれはなかなかの卓見なのかもしれない。

あらためて恐怖を定義する

ここまで書いたところで、とりあえず本書なりの恐怖の定義を示しておきたい。以下に挙げる三つの要素から、恐怖は構成されると仮定する。そのように三要素に分けることでさまざまな恐怖のケースをじっくり検討し得るのではないか、いろいろな恐怖のありようを特徴づけやすくなるのではないか。そんな目論見《もくろみ》から導き出した定義である。

すなわち——

①危機感、②不条理感、③精神的視野狭窄《しやきょうさく》——これら三つが組み合わされることによって立ち上がる圧倒的な感情が、恐怖という体験を形づくる。

と、考えてみたい。

念のために、③の精神的視野狭窄について補足しておく。

人は追い詰められると、(無意識のうちに)自分が対処しなければならない対象を絞り込もうとする。せめて対象が限定され少なくなれば、どうにか向き合えるかもしれないという「いじらしい」心理が働くわけだ。そこで目の前のことしか認識しなくなる(つまり視野狭窄となる)。だがそれは目の前の事象に圧倒されるといった結果しかもたらさない。精神の余裕や柔軟性が奪われるだけで、逆効果しか生じない。おろおろ浮き足だった状態と精神的な視野狭窄状態は、互いに悪循環のループを形づくっていよいよ恐怖の感情を膨らませていくのである。

おしなべて人の心は、本当は上手くいく筈なのに結果的には正反対の状況しかもたらさないといったパラドキシカルなメカニズムを数多く備えている。それがために、しばしばわたしたちは自滅に近い状態に追い込まれる。

なお、興味深いことに、①の「危機感」が実在していなくても、人は恐怖に駆られることがある。いわゆる恐怖症、精神科領域に属するとされる症状である。たとえば高所恐怖、閉所恐怖、尖端《せんたん》恐怖、視線恐怖、対人恐怖、広場恐怖、自己臭恐怖、醜形恐怖、不潔恐怖、学校（職場）恐怖、巨像恐怖、人形恐怖、甲殻類恐怖など。

いずれも、当人は「本当の」危機には直面していないしその可能性すらない。ただし「危機感」に代わる別な要素が「不条理感」および「精神的視野狭窄」と作用し合って恐怖感もどきが立ち上がっている。これについては第二章で、あらためて詳述したい。

本来、恐怖は威圧的存在が生々しく迫ってきてこそ出現する筈だ。それは獰猛《どうもう》で危険きわまりない（しかも血に飢えた）モンスターかもしれない。治療法のない病原体や、宇宙から飛来した生物かもしれない。邪悪で残忍な精神かもしれない。無神経さや鈍感さと権威との結合かもしれない。意地の悪い偶然やタイミングの悪さによって無慈悲な力を与えられた「本来は無害な筈の何か」（たとえば踏み切りで立ち往生している電車）かもしれない。超自然（のよう）な出来事かもしれない（火葬されている男性の腹から胎児が飛び出す、とか）。冷酷な心で営まれる政治体制や、パラノイアックな権力かもしれない。集団ヒステリーに陥った群集かもしれない。無知や偏見や先入観が作り出した妄想かもしれない。不治の病や老いや狂気が相当するかもしれない。

遺体の腹に胎児を縫い込んだM医師は、せいぜいデリカシーを欠いただけの世間知らずなのかもしれない。でも立場や状況次第では、彼はどれだけ人道に外れたことをしでかすか分かったものではない。倫理よりも学問的好奇心や効率を優先してしまう輩《やから》なのだ。その危険な可能性に鑑《かんが》みれば、やはり彼は怪物であり威圧的存在に準ずるのではないかと思ってしまいたくなる。子どもが昆虫の翅《はね》を無邪気に毟《むし》り取るのとは、次元が違うのである。

本書では恐怖そのもののみならず、(神経症の一部としての)恐怖症や精神の変容にも目を向けたい。恐怖どころか不快感やグロテスク、キモさまでをもエンターテインメント(映画や小説や伝承、噂話など)として楽しんでしまうわたしたちの心性についても考察したい。好奇心全開かつ自虐的に、人の内面を捉え直すことを目標に定めたい。論は総じて悪趣味な方向に偏りがちとなろうが、それは著者の悲しむべき性癖と思って容赦いただければ幸いである。

第二章　恐怖症の人たち

恐怖症のこと

心の病のひとつとして、恐怖症 phobia と呼ばれるものがある。『精神症候学』(濱田秀伯、弘文堂)から、まさに必要十分といった趣の簡明な説明を引用してみたい。すなわち、「恐怖症は、恐れる理由がないと分っていながら、特定の対象や予測できる状況を不釣り合いに強く恐れ、これを避けようとすること。日常生活を侵害しない程度のものは小恐怖という。恐怖症の対象にはあらゆるものが含まれ、学術用語になっているだけでも二〇〇を超えるという」。

雨恐怖 ombrophobia、笛恐怖 aulophobia、空気恐怖 aerophobia、万物恐怖 pantophobia、毛恐怖 trichophobia、色恐怖 chromatophobia などと言われても、それらを恐怖し忌避する心情をリアルに察するのは難しいだろう。コメントをしようにも、以下のようにしか言えまい——なるほど「恐怖症の対象にはあらゆるものが含まれ」るわけで、換言するなら、人は森羅万象すべての事物に恐怖を覚えることが可能な動物というわけである、と。

では逆にどんなものに対しても、恐怖をまったく感じない人はいるのか。生命に関わるような危険かつ絶望的な状況においても平然としたまま心の動じない人物が存在するとしたら、それは勇気があるとか肝が据わった人ではなく、脳機能に問題があると考えるべきだろう。無痛症のような神経疾患なのかもしれないし（ただし日常において悩みをもたらす頻度は低いだろうから、疾患としては認識されにくいだろう）、むしろ意識レベルの低下などで現実を把握できていない可能性が高い。

余談になるが、たとえばムカデに対して病的な恐怖に駆られる人が、何万匹ものムカデがうじゃうじゃと犇《ひし》めき蠢《うごめ》いているじめじめした穴に放り込まれたらどうなるか。毒々しい姿で身をよじるムカデの群れに呑み込まれ、顔のみならず自分という存在のすべてがみっしりとムカデに包み込まれてしまう。口や耳の穴にすらムカデは入り込もうとする。小説などでは、そこで当人は「気が狂う」という話になるだろう。救出された後も、もはや眼《め》の焦点は定まらず、多幸的な表情で「むかでのくつや」を繰り返し歌いながら精神科病院で一生を過ごす結果になった、といった類の話に。

しかし実際には、精神は解離状態へと切り替えられ、さらにはエンドルフィンなどの脳内物質（脳内麻薬）が大量に分泌され、もはや現実を現実のまま捉えなくなるだろう。何も感じないマネキン人形のようなものだ。そうなることで危機を乗り越えるのだろう（飛び降り自殺や鉄道自殺などを行う人たちも、同様のメカニズムを以て〈実行〉へと踏み切ると思われる）。助け出された後に、深刻なPTSD（心的外傷後ストレス障害）に悩まされそうな気はするけれども、発狂してオシマイというほど人間の精神は単純にはできていない。

甲殻類恐怖

わたし個人の恐怖症について述べると、甲殻類恐怖に該当する。

まず、海老《えび》と蟹が駄目である（それなのに世の中には、草履《ぞうり》海老とかヤシガニとか、ちょうど海老と蟹との中間みたいな姿の恐ろしい生き物すらいる！）。絵や写真を見ただけで、狼狽《うろた》える。もちろん蝦蛄《しゃこ》だって駄目だし、ヤドカリも駄目である。あんなものを美味《おい》しいと喜ぶ神経が分からない。それどころか咀嚼《そしゃく》して体内に取り込むという行為そのものが、理解の埒《らち》外《がい》である。姿かたちがおぞましく、料理の中に少しでも甲殻類が入っていたら、たとえそれを取り除いても、既に「汚染」されているという理由で拒絶せずにはいられない。当然のことながら昆虫も駄目で、触るのも嫌だ。つまり外骨格系の生き物全般が駄目なのである。

基本的には嫌悪感が先行する。前章でも述べたように、「危機感」の代わりに「嫌悪感」が恐怖の発現に関与する。ああ、嫌だ、おぞましい。こんなグロテスクな生き物と自分とが地球上で共存していること自体が不条理であり「ぞっとする」。ぞっとするにもかかわらず目を逸《そ》らすことができず、わたしは全身を硬直させたまま、いよいよ恐怖めいた気分がエスカレートしていく。

ではなぜ甲殻類は（わたしにとって）グロテスクであり嫌悪感を惹起するのか。その理由を以下に挙げてみよう。

・妙にメカニカルな形態で、何だか無慈悲で冷徹だ。構造上、表情といったものが一切ないのも問題だし、目が心の窓になっていない。およそコミュニケーションだとか共感が成立しない気がする。生物よりも機械に近い。そのくせ、習性や動きが必ずしも合目的的とは限らないところがあって、その理解不能・予測不能なところがますます不条理感を増強させる。

・憎悪や嫉妬、悪意や卑しさ、闇雲で浅ましい欲望といったものに形を与えたとしたら、それはまぎれもなく甲殻類の形状となりそうな気がする。攻撃的、威嚇的な外骨格部分と、ぐちょぐちょと不定形で柔らかい「中身」という構造自体がそうした連想を働かせるのだろう。だから映画『エイリアン』（リドリー・スコット監督、一九七九）に出てくるあの殺《さつ》戮《りく》本能そのものを体現したかのような怪物が、甲殻類的なものと軟体動物的なものとを巧みに組み合わせてデザインされているのは納得がいくし、『遊星からの物体X』（ジョン・

カーペンター監督、一九八二）に登場する残忍な宇宙生物の正体が節足動物（通称スパイダーヘッド）であったのも当然だと思われる。

・たとえ脚の一本が失われようと、鋏や触角が失われようと、怯《ひる》まない。そこに彼ら自身の悲しみが生じてこない。つまり身体的な痛みも心の痛みも、生じていないように見える。少しばかり不便になっただけ、といった調子で平然としている。変な具合に冷静なところが、サイコパス的な気味の悪さを与えてくる。ザリガニは共食いをするそうだが、襲われる個体はしばしば脱皮直後であるらしい。脱皮を終えて疲労し、ぼおっとしているところを仲間によって襲われ餌食にされる。そんな醜く獰猛な行動を取るだけで、もうわたしには我慢がならない。

・外骨格ゆえに、生と死との境界線が不明確な印象がある。そもそも外骨格の部分はキチン質だからそこは最初から死んでいる。その内部に輪郭のはっきりしない生命そのものが息づいていると思うと、そうした曖昧さが不安を招き寄せる。晩夏に公園を歩いていると地面に蟬《せみ》の死体が転がっている。ごちゃごちゃした腹を上にして死んでいる。そう思っていると不意に脚をぞわぞわ動かしたり、不完全で断片的な鳴き声を発したりして驚かせる。ゾンビが生者と死者の中間ゆえに不気味なのであれば、甲殻類にもどこかゾンビ的な気味の悪さが備わっている。

——と、こんな調子でいくらでも理由（ないしはこちらの一方的な忌避感）は列挙できるものの、多くの人たちは「でも、海老も蟹も美味《うま》いよ」と言い放ってわたしの嫌悪感など一蹴してしまうだろう。とはいえ、そんな彼らだってエイリアンの造形をおぞましく思っているし、サイコパスには慄然とするに違いないのである。

なぜ、いつどんなきっかけでわたしは甲殻類恐怖に陥ったのか。そのあたりの消息は、いまひとつはっきりしない。気がついたら甲殻類をおぞましいと感じていた。精神分析医は、おそらく、さきほど列挙した「理由」をもっと抽象的かつまことしやかな言葉で説明してみせるだろう。ジャーゴンを駆使して。だがそれでは同義反復である。恐怖症の理由になっていない。今さら海老や蟹を食べられるようになりたいなどと望みはしないが、せめて理由くらいは知りたいではないか。

ドミノ倒し

甲殻類を前にして、いきなり恐怖心が立ち上がるわけではない。さきほども述べたように、まずは嫌悪感である。そして嫌悪感というものは、いささか屈折した話ではあるが、マゾヒスティックな気分でその対象と戯れることが可能である。だからスーパーマーケットの鮮魚売り場に生きた海老や蟹が陳列してあったら、よせばいいのに、大概は立ち止まってしげしげと眺めてしまう。「つくづく不気味な生き物だなあ。金を払ってこんなものを買っていく客がいるなんて、信じられないよ」などと呟きつつ、視線を外せない。蟹の口吻部《こうふん》のあたりに細かな泡が浮いていたりすると「まだ生きているんだなあ」と妙に感心したり、思い出したように鋏や脚が動くと焦って後ずさったり、もはやお化け屋敷気分である。

高原英理《たかはらえいり》の『怪談生活』（立東舎）という怪談随筆を読んでいたら、貞亨《じょうきょう》四年（一六八七）開板の『奇異雑談集《きいぞうだんしゅう》』（編著者不明）が紹介されていて、そこに不思議な頭を持った人間の話が載っていた。

首から上は常と変わらない頭の大きさだが、瓢箪《ひょうたん》のようで、目鼻がない。耳は両方に少し形があって穴がわずかに見える。頭の上に口があり、蟹の口に似て、いざいざと動く。器に飯を入れ箸を添えて棚にあるのを妻は取って「物を食わせて見せ申します」と言い、箸で飯を頭上の口に置くと、その口がまたいざいざ動く。飯は自然に入った。二目とも見《み》難《にく》い様子であった。

首から下は他とも変わらない人である。肌は桜色、太らず痩せず、手足の指爪の色がよくあざやかである。衣装は華美を極めたものをまとっている。

　このくだりを読んだときには、一瞬、卒倒しそうになった。蟹の口（のようなもの）が動くときの擬音が「いざいざ」である。いったいどういった言語センスを持っていたら、こんな擬音を思いつくのか。この擬音にはどこかこちらの心を惑わしてくるものがある。「いざいざ」がもたらす生理的不快感には、最初のインパクトを乗り越えると、つぎにはいっそ怖い物見たさに近い心性が誘発されてくる。中学生の頃、級友に「海老や蟹は姿が醜い」と言ったら、「そんなことないよ。凜々《りり》しい姿をしているじゃないか」と反論された記憶を思い起こしてみたり、嫌悪感を覚えつつもある種の屈託に満ちた娯楽として蟹の口の動きを楽しみたくなってくる。

　しかし当方に精神的な余裕が欠けていたり、不意打ちのようにして甲殻類と出会ってしまうと——ある日、Wikipedia でうっかり〈腐敗〉の項を検索して、死んで腐った蟹のカラー写真が出てきたこともある！（現在は腐ったリンゴに代えられているらしいが）——まずいことになる。その時点で精神的な視野狭窄状態を呈し、ミクロなパニックが生ずるようである。いや、たとえ心に余裕があっても、過去のミクロなパニックの記憶が心の中に残っていて、それが往々にして精神を恐慌状態へと促すようである。

　すると、あれよあれよと嫌悪感がドミノ倒しのごとく心の中の四方八方へと広がっていく。

もはや自分では収拾がつかない。取り返しがつかないような、無力感に似たような、そんな感情が胸を突き上げてくる。コントロールのしようがない嫌悪感が、「あれよあれよ」と拡大していくその勢い、その速度そのものが、まさにわたしに恐怖を体感させている。さながら蜘蛛《くも》の子を散らすがごとく、わたしの心の隅々に嫌悪感が潜り込んでいく。自分ですら探求の困難な我が精神の湿って柔らかな奥部に、みるみる嫌悪感が侵入していくのだ（魚肉に食い込むアニサキスのように！）。それがどんな精神的ダメージをわたしにもたらすのか、想像もつかない。おそらくこれからの人生を、わたしは遅効性の毒物を飲んでしまった気分で過ごすことになるのだ。そんなろくでもないことを考え、なおさらわたしは浮き足立ち、黒々とした恐慌に鷲摑《わしづか》みされる。

甲殻類は、通常の日常生活を送っている限り危険ではない。おぞましくはあるが、人生を脅かしてくるような存在ではない。わたしが甲殻類と一対一で対峙《たいじ》せねばならないシチュエーションは考えにくい。けれども、ミクロなパニックを契機に「あれよあれよ」と心の内部で嫌悪感が拡散していくその気味の悪さと手遅れ感は、わたしにとって為す術がないという意味で、まさに圧倒的な存在の手応えを与えてくるのだ。

びっしりと……集合体恐怖

専門書の類を読んでも、恐怖症がなぜ生ずるかについて腑に落ちる説明に出会ったことがない。たとえそんなことを解明できても、せいぜいイグ・ノーベル賞しか貰《もら》えそうにないからなのか。仕方がないので、せめて自分の甲殻類恐怖を手掛かりにして説明を試みようとしているわけである。

集合体恐怖 **Trypophobia** についてはどうだろうか。

木肌にびっしりと産み付けられた蛾《が》の卵、限度知らずといった按配《あんばい》に産み落とされたカエルの卵、岩肌を覆うフジツボ、コモリガエルの背中、海ぶどう、ハスの花托《かたく》（丸い穴の集合）のひとつひとつに種がいちいち嵌《はま》り込んでいるところ、そういった小さな穴や突起やブツブツしたものの集合体に過剰反応をするのが集合体恐怖である。そのバリエーションとして、たとえばこんな光景も含まれるだろう。高橋たか子（一九三二〜二〇一三）の短篇小説「誘い」（『怪しみ』所収、新潮社）の一部で、主人公が女学生の頃に遠足で立ち寄った神社の境内、そこにあった池にまつわるエピソードである。

その池ではたくさんの鯉《こい》が飼われており、池辺には餌を売る売店があった。

……同じ学年の誰かが、すっとん狂な声をあげて、餌を買い、まわりの友達に分けあたえて餌を投げた。その声に煽《あお》られて、何人かが声をあげた。だが、静粛に、と教師がきびしく言い放ったので、すぐ元どおり静まりかえった。その頃は、教師の一声で、全員がまったく従順に言われたとおりになった。

しんとしてしまったその場所に、しかし逆に、みるみる賑《にぎ》わってくるものがあった。餌が投げられたために、池の鯉が全部そこに寄ってきて、密集してきたからである。水面すれすれのところまで、彼らの赤や黒や白や桃色の体が浮上し、粘った魚鱗《ぎょりん》がいっそう粘ってみえ、どれもがちょっとでも餌にありつこうと、他のものとたがいに重なりあうほどに、やみくもに寄りあい、人間の赤子の口のような口をあんぐり上にむけてあけている。一つ一つの口腔《こうこう》が奥まで見えている。なにか目をそむけたくなるほどの生なものをさらけだしているのであった。一四一四というより、全部が連続してひとつながりになっているようでもある。それまで隠されていたものがそこに過剰にあらわれ出て、水面すれすれのところで、赤や黒や白や桃色という色になって、理由もなく、いわば暴力的に湧いている。

私はぶるっと戦慄した。叫びたい気分になった。

たしかに主人公の「ぶるっと戦慄し」「叫びたい気分になった」は、集合体を前にしたときの感覚そのものである。

柴田よしきのホラー短篇「つぶつぶ」（井上雅彦監修『異形コレクション　恐怖症』所収、光文社文庫）ではどうだろう。

そう、たとえば私はいちごが食べられない。

いちごを平気で食べる大部分の人間は、いちごの赤い果肉の表面に、茶色の小さなつぶつぶが無数についていることに気づいていないか、気づいていても気にしない。しかしあれをよくよく目の前に近づけてみれば、それがどれほど気味の悪いものであるか知って愕然となるに違いない。茶色くかたいつぶつぶが、赤く柔らかな果肉に食い込むようにしてへばりついているのだ。何粒も何粒も何粒も何粒も何粒も……

私はいちごを目にすると、あのかたいつぶつぶをひとつずつ、爪楊枝《つまようじ》の先でほじり出して赤い果肉をすっきりさせてやりたい衝動を抑えるのに苦労する。

いちごだけではない。少し神経を尖《とが》らせて観察すれば、この世の中は、つぶつぶ、で溢《あふ》れていることに気がつくはずだ。

まさにその通り。迂闊《うかつ》にも見過ごしているだけで、おぞましい集合体はこの世の中にいくらでもあり、わたしたちがうっかり「気づいてしまう」のをじっと待っている。

集合体恐怖の理由の説明として、寄生虫や皮膚病、伝染病などに皮膚が冒された状態を連想させてその危機感や不快感が恐怖につながる、といった話が比較的流布しているようである。それはそれでその通りとは思う。わたしはかつて小児喘息《しょうにぜんそく》とアトピーに悩まされていたが、アトピーでは肌にみっしりとブツブツが生じ、それを目にするとますます痒みが激しくなる。いくら掻《か》いても痒みは治まらず、自分の皮膚はいよいよ異様な状態に変化していく。透明な汁がじくじくと滲出《しんしゅつ》し、落屑《らくせつ》が雲母《うんも》のようだ。おぞましいものに変身していくかのような気味の悪さをひしひしと自分自身に感じたものであった。そのせいか、集合体恐怖的な傾向が強く、それどころか自虐的な遊びに耽《ふけ》っていた時期さえある。

その遊びとは、画用紙の裏から鉛筆の尖端で紙を突き刺すのである。ただし貫通はさせない。すると表面には尖った「ささくれ」が生じる。ほぼ一センチメートル間隔で紙の裏全体をまんべんなく鉛筆で突く。そうなると画用紙の表面は大根おろしの「おろし金」さながら「ささくれ」でみっしり覆い尽くされる。それは目にしただけで十分にぞわぞわと皮膚感覚を刺激する。しかもその表面を指先でそっと撫でたり、頬に擦《こす》りつけたりして突起の密集がもたらす不快感を堪能《たんのう》するのである。ああ、気味が悪い、病んだ皮膚そのものじゃないか、おぞましくて耐え難いなあ、と。そして最後には画用紙を無茶苦茶に破り捨てるのであるが、切手の目打ちみたいに突起が互いにつながるようにして破れていき、そのつながっている感触がなぜかわたしをぎょっとさせる。妙に生々しく生き物めいた手応えを指先に伝えてくるのだった。

集合体の暴力性

集合体を目にしたとき、不快感とともに感じるのは「爪を立てて掻きむしりたい！」という衝動である。そんなことをしたら、爪のあいだに粒々や鱗片《りんぺん》みたいなものが詰まってしまったり、潰れて溢れ出した粘液状のもので指が汚れたりしそうで嫌なのだけれど、それでもなお、がりがりと掻きむしりたい。そのことで自分が感染したり寄生虫に潜り込まれたりしかねないのに、それでもなお掻きむしりたい。

小さな穴が、たこ焼き器の凹《くぼ》みさながらにびっしりと並んでいたら、その穴の一つ一つに鉛筆の尖端を突き刺して掻き回したい。そうしなければ、もどかしさで頭が破裂しそうだ。そしてそんなことを思っているわたしの頭の中にはミクロなパニックが生じている。高橋たか子の小説で、「それまで隠されていたものがそこに過剰にあらわれ出て、（中略）理由もなく、いわば暴力的に湧いている」と書かれている箇所は重要である。集合体は、一定数以上が寄り集まると、算術級数的であることをやめて幾何級数的な存在感をもたらす。それはまさに恐慌を起こさせるに十分な刺激であり、不条理感を伴う「圧倒的な存在の手応え」となって暴力的に迫ってくる。しかも「一匹一匹というより、全部が連続してひとつながりになっているようでもある」、つまり一匹や一個の集合はやがて個々の意味を凌駕《りょうが》して、全体として何らかの意味を持っているかのように見えてくる。しかもその意味とは、わたしたちをもその集合へと取り込んで不快な存在感の誇示へ加担させようという意志ではないのか。

菊池新『なぜ皮膚はかゆくなるのか』（PHP新書）には、「二〇一三年になって「かゆみを想像しただけでかゆくなる」ことの、脳内メカニズムが解明された。被験者にじんましんが出ている皮膚の写真を見せたときの脳の活動を、fMRIを使って調べたのだ。／結果、写真を見たときに、情動をつかさどる島皮質《とうひしつ》と、運動の制御や欲求をつかさどる大脳基底核《だいのうきていかく》という部位の活動が高まっていることがわかった。つまり「かゆみを想起させる写真を見ただけで、脳の掻きたいという欲求を刺激する部分が反応した」というのだ」と述べてあった。なるほど、ブツブツを見ただけで、我々の皮膚にはそれに似た想像上のブツブツが生じるというわけだ。それはすなわち我々がブツブツにたじろがされると同時に、他者へ掻痒《そうよう》感やぞっとする感覚を与えかねない「加害者」へと暴力的に変身させられるということである。一人二役で被害者と加害者とを同時に演じさせられる。そうした暴力性（そして屈折に屈折を重ねた誘惑や依存性）に恐怖を覚えても無理はあるまい。

集合体恐怖は、痒みを中心とした皮膚感覚を通してわたしたちの心へ侵入し脅かす。自分も集合体の一部に変身してしまうといったおぞましさを惹起する。その事実を反対側から述べている文章を参考までにここへ引用してみよう。ドイツの神学者オットー・ベッツ（一九一七〜二〇〇五）の『象徴としての身体』（西村正身訳、青土社）で、皮膚に関して語られている一節である。

私たちは愛する人に皮膚を優しく愛撫されるときに、いちばん気持ち良く感じる。そのとき初めて私たちは、皮膚が肉体の他の部分と並ぶ単なる部分なのではなく、身体のすべての部分と結びついているのだということに、本当に気づくのである。従って皮膚ではなく、その人の全てが愛撫されるのであり、皮膚は優しい愛撫の入口であって、あらゆるニュアンスを受け入れ、それをさらに伝えることができるのである。

オットー・ベッツによるこの記述の悪夢バージョンが、すなわち集合体恐怖という次第である。

宙吊りにされたベッド……高所恐怖症

高いところから落ちたら、怪我をしたり死に至りかねない。危険なのである。だから高所を恐れるのは当たり前だ。君子危うきに近寄らず、というわけである。でも、たとえ高い場所であろうと、足を滑らせたりよろめいたりしても大丈夫な「絶対に安全な状態」ならば、普通の人は恐れない。面白がりさえするだろう。東京スカイツリーの展望デッキから足下に広がる景色を眺めるように、高さを楽しめる。「お尻がむずむずするなあ」などと嬉《うれ》しそうに言いながら。

しかしその安全性を信じきれずに恐怖に身を竦《すく》ませたりすれば、その人は高所恐怖症ということになる。

高所恐怖症と聞くと反射的に思い浮かべずにはいられない短篇小説があって、それは本国（イギリス）では一九三一年に発表されたロナルド・A・ノックス（一八八八〜一九五七）の「密室の行者」である。推理小説マニアにとっては有名な作品で、いわばミステリ分野の基礎教養に該当する。これから内容を紹介するが、もしも未読の方は、いわゆる「ネタバレ」をするので注意していただきたい。

ストーリーは単純である。怪しげな新興宗教に夢中になっている百万長者（億万長者でないところに、時代性が窺われる）ハーバート・ジャーヴィソンは、幽体離脱の修行のために独りで密室に閉じこもった。そこは体育館ほどの広さも高さもある大きな部屋で、がらんとしている。中央には質素な鉄のベッドが置かれ、そこで寝起きしながらジャーヴィソンはオカルトめいた修行に専念するつもりだったわけである。

「ベッドのむこう、入り口の反対側の壁のところに、野菜食が山とつまれた食器だながあった。粗い穀物でつくったパン、ガラスの皿にのせた蜜蜂の巣、一箱のナツメヤシの実、ニカワのようにぼろぼろになっているらしいビスケット、それにシモンズ医師の言葉の正確さを証明するように、いくらかのミルク……」（中村能三訳）といった具合に食料もたっぷり確保されていた。不味そうではあるが。

十日経《た》ってもジャーヴィソンは部屋から出てこなかった。何の気配も伝わってこない。不審に思った人たちによって無理矢理に扉が開けられた。内側から施錠され鍵は差し込まれたままだったので、錠前を壊さなければならなかった。室内へ踏み込むと、ジャーヴィソンはベッドで死亡している。しかも死因は餓死だった。豊富な食料が目の前にあったのに、一切手がつけられないまま彼は密室で飢え死にをしていたのである……。

これはかなり強烈な謎ではないだろうか。自殺としたら、その手段としてわざわざ餓死を選ぶ精神なんて窺い知れない。手足を縛られてでもいない限り、飢えて死を迎えるなんてまずあり得ないだろう（実際には稀にあるが、心身の衰弱や脱力の延長としての、いわばなし崩しの餓死が殆どだ）。他殺であったとしたら、通常、刺殺とか首を絞めるとか、もっと手っ取り早い手段を選ぶ筈だ。餓死は、日常生活とあまりにもかけ離れた、いやそれどころかシュールな出来事だ。

結局これはインド人の信者たちが保険金を手に入れようとして行った殺人であった。ではいったいどのようにして彼らはジャーヴィソンを飢え死にさせたのか。もちろん検死では餓死以外に特別な所見は見出《みいだ》されなかった。

トリックの伏線として、百万長者ジャーヴィソンには高所恐怖の傾向があったとさりげなく述べられている。

入室前に彼はひそかに睡眠薬を飲まされ（本人はそのことに気づいていない）、修行を邪魔されないように自ら施錠して密室を構成したあと、ベッドで深く眠りに落ちた。そのあとで信者たちは、天窓からフックのついた四本のロープを垂らし、ジャーヴィソンが眠っているベッドをそのまま空中に吊り上げて固定した。

吊り上げられたのは地上四十フィート（約十二メートル）の高さである。目を醒《さ》ましたジャーヴィソンはさぞや驚愕し、恐怖に打ち震えたであろう（十一〜十二メートルの高さが、もっとも人に恐怖を与える。地上がはっきりと見える範囲で最大の高さだからだと言われる）。叫び声を上げても信者たちは犯人なのだから助けてもらえない。怪我を（あるいは死を）覚悟して空中のベッドから飛び降りたり、逆にロープを伝って天窓まで上ることは、高所恐怖症ゆえに不可能である。

こうして一週間以上空中で身動きが取れないまま、彼は次第に衰弱し、遂《つい》に餓死へと至った。そのあとで信者たちは天窓から、遺体を載せたままのベッドをゆっくり床に下ろしてロープを回収したのであった。

かなり無理のあるトリックだ。ツッコミどころだらけである。だがたくさんの食べ物を前にしたまま密室で飢え死にをするという状況設定の突飛さは、まことに素晴らしい。しかも宙吊りにされたベッド上で身動きできない高所恐怖症の人物というありようは、悲惨であると同時に何だかひどくファンタジックにも思え、作品に不思議な味わいをもたらしている。

百度も考へて恐ろしく

さて、もしわたしがジャーヴィソンの立場に置かれたらどうなるか。高所恐怖症であったとしたら、空中四十フィートのぐらぐら不安定なベッドにしがみついていること自体が耐え難いだろう。悪夢そのものであり、まさに葛藤状況だ。

さっさと現状から逃れたい。でも方法はないし、といって自暴自棄になることすらできそうにない。動きが取れないわけだ。でも最終的には錯乱し、さもなければ朦朧《もうろう》とした状態で、うっかり転げ落ちたのか自ら飛び降りたのかいずれとも判然としない形での「落下」を結末に選びそうだ。「落ちそうだ」と不安に苛《さいな》まれ続けているよりは、実際に落ちてしまったほうがよほど気が楽なのだから、意識が明瞭な状態を避けつつ有耶無耶《うやむや》な形で落下を選ぶというわけである。おそらく餓死という顚末《てんまつ》はなさそうに思われる。

それにしても、高所恐怖症の人たちにとって、高さがもたらす生々しい恐ろしさとはいったい何なのか。どうやらいくつかのポイントがあるらしい。

ひとつには、バランスを失って墜落モードにはいってしまうまさに「その瞬間」を想像して戦慄することがあるようだ。「しまった！」と思う刹那《せつな》、「こんな馬鹿な……」「え？このまま死ぬのかな」「冗談じゃないよ！」等々、驚愕、運命に見離された絶望、恐ろしい予測などが、空っぽの空間に放り出されることによって生ずる強烈な生理的違和感とともに襲ってくる。その生理的違和感をわたしたちは、既に公園の遊具やジェットコースター、旧式のエレベーターが下降する際などに部分的に体感している。それゆえに、馴染み深くフレンドリーなものが急に敵意を剝《む》き出したかのような当惑も伴っているかもしれない。

高所から落ちれば（ちなみに我が国の労働安全衛生規則では、高さ六・七五メートル以上の作業にはフルハーネスの墜落制止用器具が必要と定めている）、地面へ叩きつけられるまでに数秒から十数秒を要するだろう。少なくとも一部の人々においては、そのわずかな時間に対して想像力が暴走しがちなようだ。

ストップウォッチで測れば短い時間であろうとも、平和な日常から暴力的に引き剝がされたまま、究極の孤独感を嚙《か》みしめつつ、墜落しながらいままでの全人生を帳消しにするだけの絶望を体感させられるのはどれほどの苦しみであるのか。高さ二十メートル以上からの落下では死亡がほぼ確実とされているが、地表へ到達するまでに味わう「数秒から十数秒」の黒々とした濃厚さを思うだけで、彼らは震撼《しんかん》せずにはいられなくなるらしい。
詩人の萩原朔太郎《はぎわらさくたろう》（一八八六〜一九四二）は、一九三一年に「自殺の恐ろしさ」という散文詩を発表している。これはビルの五階の窓から遺書を残して投身した自殺者の内面について綴《つづ》られているが、一部を引用してみる。

……さあ！　目を閉ぢて、飛べ！　そして自分は飛びおりた。最後の足が、遂に窓を離れて、身体が空中に投げ出された。
だがその時、足が窓から離れた一瞬時、不意に別の思想が浮び、電光のやうに閃めいた。その時始めて、自分ははつきりと生活の意義を知つたのである。何たる愚事ぞ、決して、決して、自分は死を選ぶべきでなかつた。世界は明るく、前途は希望に輝やいて居る。断じて自分は死にたくない。死にたくない。だがしかし、足は既に窓から離れ、身体は一直線に落下して居る。地下には固い鋪石《しきいし》。白いコンクリート。血に塗《まみ》れた頭蓋骨！　避けられない決定！

この幻想の恐ろしさから、私はいつも白布のやうに蒼《あお》ざめてしまふ。何物も、何物も、決してこれより恐ろしい空想はない。しかもこんな事実が、実際に有り得ないといふことは無いだらう。(中略) 百度も考へて恐ろしく、私は夢の中でさへ戦慄する。

おそらく高所恐怖症の人にとっては「避けられない決定!」というあたりが、急所になっているのではあるまいか。

ポイントはそれだけではない。馬鹿げて聞こえるかもしれないけれど、彼らは魅入られたかのように虚空に足を踏み出してしまわないか(確かに高所から下を眺めると、引き込まれそうな気分に陥る)、「魔が差して」うっかり身を投げてしまわないか、気の迷いからおかしな位置に移動して事故だか自業自得なのか不詳のまま落下してしまわないか、と心の底で危ぶんでいるようでもあるのだ。つまり自分自身をどこか信用していない(朔太郎の言葉を借りれば、「実際に有り得ないといふことは無いだらう」と)。そうしたあやふやな気持ちが周囲へも投影されて、たとえば東京スカイツリーの展望デッキに立っていた場合、窓ガラスがいきなり外れてしまうのではないか、フロアが抜けてしまうのではないか、支柱が折れてしまうのではないか、などの「あり得ないこと」までをも勝手に想像して顔色を変える。いわば自滅に近い恐がり方である。

第一章で示した恐怖の三要素(危機感・不条理感・精神的視野狭窄)に鑑みるなら、おそらく高所恐怖症では、高所そのものが強烈な〈不条理感〉を引き起こす。〈危機感〉の代わりに右に述べたいくつかのポイントが発動され、さらに高い所への忌避感がそのまま〈精神的視野狭窄〉をもたらして恐慌へ及ぶのだろう。

では、なぜよりにもよって高い所だけが苦手となるのか。そのような疑問は、高所恐怖症のみならずあらゆる恐怖症に対しても生ずるだろう。恐怖症は特定の対象で生ずる精神のアレルギーと考えられようが、それをトラウマがどうしたといった単純な因果論では説明しきれまい。よもや前世の記憶などを持ち出すわけにもいかない。

結論から述べるならば、それは心理学や精神病理学では扱いきれない領域だ。あえて（大真面目に）申せば、むしろ文学が取り扱うべきテーマではないのか。ある特定の事象に伴うイメージや言説とわたしたちの不安がどのようなミラクルを経て結びつくのか。ある種の相性のようなものがあるのか。恐怖症が特殊であると同時にそれなりの普遍性を感じさせるのは、つまり世界全体が油断のならぬ場所であるという事実を示唆しているからなのか。それらへの答えは、文学の営みこそがもたらしてくれるのではないか。

考えれば考えるほど、恐怖症は科学の範疇から遠ざかっていくのである。

なお高所恐怖症について、科学とはほど遠い（しかも文学からもほど遠い）説明のひとつを、ここに紹介しておこう。既出の遠丸立『恐怖考』から引用する。

高所恐怖症を究明するに当って、私はひとつの仮説を樹《た》てることから出発したい。人間には「高所から墜落したい」という無意識的な願望があって、これは性衝動と同じくらい強力な根源的な衝動であるということ、およびそれと表裏一体の関係において、「高所へのぼりたい高所に位置して見下したい」という願望がこれまた前者と同様な強度で人間を無意識的に支配しているのだということ、がすなわちそれである。

人間の出産行為、つまり胎児が子宮から母胎外の世界へ飛び出すという行為は、右の衝動説からすれば、子宮から膣口《ちつこう》を経て外部空間へまで墜落するということを意味するわけで、要するにそれは一個の個体としての人間が「墜落したい」という衝動に身をゆだねる最初の行為にほかならない（頭からさきに、産道を下へ下へと下降する胎児の姿勢を想像せよ。これはまさに人間が空間を墜落するさいの姿勢にそっくりではないか?）。

（中略）

高所恐怖症は要するに「空間を墜落したい」という原衝動の発露・顕在化にたいする防衛的恐怖であるといえよう。

わたしは七十年前に、鉗子分娩《かんしぶんべん》によって無理矢理この世界へ子宮内から引きずり出された。それはつまり「墜落したい」という衝動を最初から否定した胎児であったというわけで、そんな人間が成長すればまさに鳶職《とびしょく》あたりが天職となりそうなものだが、残念ながら高いところは苦手である（まあ高所恐怖症というほどではないのだが）。

目に刺さる……尖端恐怖症

尖ってはいるが日常に馴染んでいるもの——ペン先、シャープペンシルや鉛筆の芯、鋏の切っ先、ピン、ナイフ、ロッドアンテナ、箸、耳掻き等々が気になって仕方がない。尖った部分が怖くて仕方がない。注意すれば危険ではないことを承知してはいるものの、何だか危なく思えて落ち着かない。そのような症状を尖端恐怖と称する。

危ないとは、具体的にはどのようなことか。多くの尖端恐怖症患者は自分の目に突き刺さってくるように感じる。わたしも精神的に疲労が重なると、身の回りの尖った部分が気に障ってくる。自分の目玉がちくちくしてくるように思え、そうなると目を開けているのも「しんどく」なる。書物の頁《ページ》（ことにアート紙）をめくるとその直角部分や、名刺の四隅までもが痛く感じるので逃げ場がなくなる。

尖端が目玉に刺さったらどうなるのだろう。激痛とともに血が溢れ出し視界が真っ赤、あるいは真っ暗になるのか。いや、そのような酸鼻な状況もさることながら、もっと五感を逆撫でしてくるような気味の悪いイメージまでもが想像される。

内田百閒《うちだひゃっけん》（一八八九〜一九七一）が「蜻蛉玉《とんぼだま》」という随筆を書いていて（『百鬼園随筆』所収）、そこにこんな描写が出てくる。

「一体何なのです」

「切腹羊羹《ようかん》です」

私は筒の口を破って、中の球を一つ出した。冷たくて少し柔らかくて、妙に弾力があるらしかった。そうして指尖《ゆびさき》に濡れた感じが伝わる癖に、その表皮はちっとも濡れていなかった。

「何だか、いやだなあ」と私は腹の中で考えた。肌がなめらかで、つるつるしているのも不気味だった。

「一寸楊子《ちょっとようじ》の尖《さき》で突っ突いて御覧なさい」と客が云《い》うから、私がそこにあった楊子で、その球の肌をちくりと刺したか、刺さないかまだはっきりしない内に、片手に摘《つま》んでいる球の薄皮が、ずるずると剝けて、その拍子にまん丸い球が畳の上にころがり落ちた。

私は、ぞっとする様な気持で、赤剝けになった球を摘むのもいやだった。薄皮の取れた肌は、びちゃびちゃに濡れているらしい。

この切腹羊羹は、玉羊羹、風船羊羹、ボンボン羊羹、まりも羊羹などとも呼ばれる。薄いゴムの膜でぴっちりと包まれた球形の羊羹で（しかもサイズはちょうど眼球と同じくらいの大きさである）、楊枝などで表面を刺すと、瞬時にゴム膜が剝けて中の羊羹が露出する。わたしのイメージとしては、自分の目玉も尖端で突かれると切腹羊羹みたいなことになりそうで不快この上ないのである。似たような想像をしている人には、今までに何人か出遇《であ》ったことがある。

医学生だった頃の眼科研修（苦手意識が嵩じてさぼりまくった）や解剖学実習で、目を突いても切腹羊羹みたいなことにならないのは分かっている。にもかかわらず、百閒の描写のほうがリアルに感じるのはどういうことなのか。鏡や写真を用いない限り、自分の目玉を自分で見ることは不可能なわけで、そうした事情がおかしな方向にリアリティーを変貌させているのだろうか。

銀幕のスター

ネットオークションで、古い映画ポスターを買ったことがある。状態はやや難あり、ということだったが滅多に市場に出ないものなので仕方がない。べつに有名な作品のポスターではなかったけれど、とにかく欲しかった。結果的にはライバルが出現せず、送料は別にして千円で落札できた。取引相手は業者ではなく個人であった。

ポスターはきちんとボール紙の筒に収められて送られてきた。喜んで中身を取り出し、しばらく眺めているうちに嫌なことを発見してしまった。

いわゆる銀幕のスター（女優）の顔写真がポスターの真ん中に印刷されていた。美女の誉れ高いその女優のふたつの瞳――それぞれに画鋲《がびょう》の小さな孔《あな》が、無惨に開いていたのだ。おそらく悪戯《いたずら》がなされたのだと思う。そのポスターはどこかに実際に貼られており（なるほど、周囲にも画鋲の痕が残っている）、そのときに何者かが女優の左右の目に画鋲を刺したのだろう。それを行った当人はユーモアのつもりだったのかもしれない。だが両目に画鋲を刺された女優はむしろショックを与えてくる。

ポスターは最初から〈ノークレーム・ノーリターン〉だったので、取引相手に文句は言わなかった。しかしこの両目にピンホールのある女優のポスターは、これ以上手元に置いておく気にはなれない。結局、そのポスターは捨ててしまった。いくぶん気が咎《とが》めたものの、生理的に我慢がならなかった。たとえ顔であっても、目以外の場所のピンホールならば我慢できたかもしれないが。

このげんなりするような記憶を反芻《はんすう》しながら、やはり「目を刺す／目を刺される」という出来事には何か特別な意味があると思わずにはいられない。では、そもそも目玉にはどんな意味が付与されているのかを考えてみたい。

目玉の独自性

基本的に、目玉は光に反応するコンパクトな感覚器に過ぎない。とはいうものの、わたしとしては、目玉は眼窩《がんか》に嵌め込まれた自分自身の（双子の）ミニチュアのような気がしてならない。『ゲゲゲの鬼太郎《きたろう》』の目玉おやじではないが、上下左右に自在に動くせいもあって、自分の一部であると同時にまったく独立した別な存在のようにも感じられるのだ。

そもそも目は饒舌である。たんなる感覚器でしかないのに、目には感情が表れる。目が妖《あや》しく光ったときには、何らかのアクションが起きる。目が輝いたりどんよりしたり、それはE・A・ポオの「告げ口心臓」さながらに心の内を暴露する。視線が他人を振り向かせたり、相手に何らかの意図を伝えたりする。ときに目玉はその持ち主を裏切り、隠していた本音を密告する。

閉じ込め症候群 locked-in syndrome と呼ばれる症状がある。脳底動脈閉塞などによって脳幹の橋《きょう》腹側部が傷害され、結果的に手足が完全に麻痺《まひ》し、身動きはおろか喋ることもできなくなる。しかし意識は清明で感覚も保たれる。唯一、瞼の開閉と眼球運動（上下のみ）だけが可能で、したがって周囲とのコミュニケーションは瞬《まばた》きや目を動かすことでのみ可能となる。まさに自分の肉体の中に精神が閉じ込められた状態である。

この恐ろしい症状を知った際には、むしろ閉所恐怖症的な衝撃を受けたものだが、ここで注目したいのは、全身が麻痺状態（まったく動かせない）になろうとも目だけは自由をそれなりに保持している点である。つまり、肉体は不自由になっても、精神と目玉だけは生き残っている。このようなバランスのありようを観察しただけでも、やはり目は特別な存在であり、ミニチュア版の自分自身であるように思えてくる。

そうなると、目を突き刺されるのはたんに目玉を傷つけられるだけの話ではなくなってくる。ミニチュア版の自分が殺されそうになるのと同じことなのだ。現実問題として、他人に傷を負わせようとした場合、身体のいろいろな部分が狙われるけれど目をターゲットにして襲うことは滅多にあるまい。無意識のうちに、目を襲うのは（たとえ効果的ではあっても）タブーであるとわたしたちは信じている。拷問には実にいろいろな方法が編み出されているが、サディスティックな楽しみという面を除けば、目に危害を加えるのがもっとも相手にプレッシャーを与えるのではないだろうか。それが一般に行われないのは、拷問を加える側にも何らかの自主規制が無意識のうちに働いてしまうからではないのか。

いずれにせよ、相手の目を突いたり刺そうとしたりするのはどこか一線を越えた印象がある。相手の人生に取り返しのつかないダメージを与えてしまうことを厭《いと》わず、激しい攻撃性や衝動性を平然とさらけ出してくる精神のありようが透けて見えてくる。したがってそのような闇雲な性向を持った輩が、身の回りに尖ったものがあったら、それを使ってわたしたちの目を刺してしまうかもしれないと恐れるのだったら、その気持ちは分からなくもない。だが尖端恐怖症の人たちは、そのような他者などわざわざ想定せずに、尖ったものに気づいただけでひたすら自分の目玉が危険にさらされているように感ずるのだ。これはどう解釈するのか。

逆転する立場

実は尖端恐怖症の人々の一部は、自分が加害者になるのではないかという危惧も併せ持っているとされる。もし他人を傷つけてしまったら、二次的に自分を窮地に追い込むことは必定であろう。自分が思うようなアブナイことは他人もまったく同様に思っていても当然といった発想も生じかねない。加害者・被害者という立場は、予想以上に簡単に入れ替わるものなのである。だから尖端恐怖症患者において、普段は押し隠している攻撃性や衝動性を首尾良くコントロールしきれるか否かの覚束《おぼつか》なさがそのまま「目に刺さってくるような感じ」として立ち上がってくるわけだ。

実際、尖端恐怖を訴える患者には、紳士的ではあるものの胸の内には非常に激しい憎悪に近いものが渦巻いているように感じられる場合がある。似たような印象は強迫性障害の人にも覚えることがあり、こちらのほうはメカニズム的には、攻撃性や衝動性を強迫行為といった無意味な振る舞いで消耗することで安心感を得ようとしているらしい。

治療に関して申せば、尖端恐怖症も強迫性障害も、もし基礎疾患がなかったとしたら、差し当たってカウンセリング的アプローチや行動療法などがメインになるだろう。投薬を試みるとしたら、神経症の文脈ということで抗不安薬（マイナートランキライザー）を処方するドクターと、攻撃性や衝動性を抑えるべく気分安定薬（デパケン、テグレトールなど）を処方するドクターの二派に分かれるのではないかと思う。抗うつ薬（ＳＳＲＩ）の一部には強迫性障害に有効とされているものがあるので、そちらを処方したり併用するドクターもいるだろう。

ここで再び恐怖の三要素（危機感・不条理感・精神的視野狭窄）を持ち出すなら、尖端恐怖症において、〈危機感〉は自己の攻撃性や衝動性に対する〈不確実感〉に置き換わっている。〈不条理感〉は、なぜ日常生活の場面にこれほど尖って危険なものがたくさんあるのかという驚きに通底しているだろう。さらに、もはや尖ったものから目が離せないという状態がそのまま〈精神的視野狭窄〉へと発展していくのだろう。

なお、ジークムント・フロイト（一八五六〜一九三九）が一九一九年に発表した有名な論文「不気味なもの」では、去勢不安という説明装置が持ち出される。『笑い／不気味なもの』（原章二訳、平凡社ライブラリー）より引用する。

……精神分析の経験を通じてわたしたちが思い出すのは、眼球に傷を負ったり、眼球を失うということが、子どもにとって身の毛もよだつ不安を生むという事実である。その不安は大人になっても多くの人に残っており、目を傷つけられるほど恐ろしい身体損傷は他にはないとさえ思われている。実際、わたしたちは「何かを自分の目の玉のように大切に守る」とよく口にするではないか。さらにまた、夢や空想《ファンタジー》、そして神話の研究の教えによれば、目をめぐるこの不安、盲目になるかもしれないというこの不安は、多くの場合に去勢不安の代替物なのである。神話上の犯罪者オイディプスによる盲目という自己懲罰は、去勢という刑の軽減としてのみ理解可能である。「目には目を」という規則にしたがう限り、ほんとうは去勢の刑こそが相応《ふさわ》しかったのである。

目玉も睾丸《こうがん》も、どちらも球形ではあるけれど価値としては睾丸のほうが上というあたりがまったく理解できない（わたしだったら、目玉を失うよりは睾丸を失うほうがまだマシである）。それに、女性の尖端恐怖症はどう説明するのか。まあ二十世紀初頭のウィーンにおける男性性の優位さは、現代とは比べものにならないのだろう。やはりこの論文をそのまま現代に当て嵌めるのは難しい。

おぞましい思い出

わたしには尖端恐怖症（それに加えて強迫性も！）の傾向があり、また心の底に押し込んでいるつもりの攻撃性や衝動性をときおり抑え損ねる。爆発すらする。だから懸命に自重しつつ生きていくしかない。スプラッタ系のホラーを好むのも無理はない。引火物に近いものを精神の奥に溜《た》め込んでしまうその屈託ぶりについては成育史と絡んできそうだからここでは述べない。ただし尖端恐怖症に限って言うなら、それに直結しそうなトラウマ体験（？）はかなり明瞭である。

子どもの頃（昭和三十年代）に、父と映画を観に行った。題名はまったく覚えていない。いわゆるプログラムピクチャーの一本で、総天然色の時代劇であった。

映画館に入ると、既に映画は始まっていた。主人公らしき武士が、空き地のようなところで刀を振り回して闘っている。何人もの敵が彼を取り囲んでいる。激しい勢いで雨が降っており、全員がずぶ濡れだ。

この斬り合いを、遠くからそっと眺めている人物がいた。松の木の陰から、その男は弓矢で主人公を狙っていた。弦《つる》をきりきりと引き絞り、あらためて狙いを定める。次の瞬間、矢は放たれた。そして刀を手にした主人公の片目に見事に突き刺さった！　突き刺さった瞬間の手応えがはっきりスクリーンから伝わってくるように思えてわたしはぎょっとなった。主人公は呻《うめ》き声を上げて膝をつく。目から溢れ出した真っ赤な血が、降りしきる雨と混ざってまさにスプラッタな光景を作り上げる。主人公は苦悶《くもん》の声を上げながら頭を左右に振り、すると突き刺さった長い矢が雨の中で大きく揺れた。

ここで敵どもが一斉に斬りかかれば、主人公は簡単に殺されてしまいそうなものだが、場面がいきなり変わり、隻眼《せきがん》となった主人公は眼帯をしたまま城の中で家老と喋っていた。やたらと重々しい声で喋っている。何がなんだか分からないまま、とにかくわたしは吐きそうなほどのショックを受けていた。父はそんなわたしに気づかぬまま、熱心に映画を楽しんでいる。

あの映画が何だったのか、未だに分からない。わたしは日本史に疎いせいもあり、あれは独眼竜の伊達政宗《だてまさむね》の若い時を描いた作品だろうと勝手に思っていた。だがそんな筈はない。政宗は幼少時に天然痘《てんねんとう》で右目を失ったのだった。矢を射られたのではない。武田信玄《たけだしんげん》の軍師であった山本勘助《やまもとかんすけ》は猪《いのしし》に襲われて隻眼となっており、柳生十兵衛《やぎゅうじゅうべえ》は少年時代に剣術の稽古で誤って目を傷つけられている。どうやらわたしが観た映画の主人公は全くのフィクションの人物だったらしい。

今から思うと、かなり気合いを入れて撮影されたのだろうなあと思う。大雨の中としたのも、真っ赤な血の効果を最大限に引き出すためだろう。ただしたとえ映画のタイトルが分かっても、もう一度観たくはない、絶対に。トラウマかどうかは何とも言い難いが、やはり当方の心に何らかの影響は及ぼしたのだろう。

中学生のときには、級友たちがさかんに話題にしていたシーンがあった。それが映画だったのかテレビだったのかは分からない。いずれにせよわたしがそれを観ていないと告げると、皆がおぞましげに、だが「これを話さずにはいられようか」と教えてくれたシーンである。それもまた時代劇で、殿様には影武者だか替え玉がいる。そして殿様が片目を失ったために、それに合わせるべく影武者の片目も失われなければならない。深夜に城の奥、蠟燭《ろうそく》を灯《とも》した薄暗い部屋で、御殿医がスプーンのようなものを手に、影武者の片目を抉《えぐ》り出すというのである。給食のスプーンに近い形だったとか言いながら、皆が夢中になって喋っていた。当時は白土三平《しらとさんぺい》の残酷な忍者漫画が話題になっていたりしたから、そんな酸鼻なシーンもどこか時代の雰囲気に合致していた気がする。

目を傷つけるのは恐ろしい出来事である。だからわたしは未だにルイス・ブニュエル監督の『アンダルシアの犬』（一九二八）の目に剃刀《かみそり》を当てて引く場面を正視できない。にもかかわらず、ゲイリー・A・シャーマン監督のホラー映画『ゾンゲリア』（一九八一）で目に注射針を突き立てるとか、ルチオ・フルチ監督の『サンゲリア』（一九七九）で尖った木片が目に刺さるとか、そういったものが世の中には繰り返し登場するのだ。いわゆる「怖いもの見たさ」の最たるものが、怖いものを見るための道具である目そのものが傷つけられる光景であるのは、なかなか皮肉の効いた話ではある。

この狭さが息苦しい……閉所恐怖症

いわゆる「隠れ家」的なものに人は憧れるようだ。子ども時代には押し入れや物置小屋で息を潜めてカラフルな空想を楽しみ、大人になれば狭いけれども居心地が良く、しかも「知る人ぞ知る」といったレストランや居酒屋に関心を寄せる。ヘンリー・ソローの『森の生活』（一八五四）に登場した小屋（一八四五年にマサチューセッツ州コンコード、ウォールデン池の畔にソロー自身が二十八ドル十二セント半の費用で自作した。アメリカには現在もこの小屋のレプリカが数多く建てられている）や、詩人で建築家の立原道造《たちはらみちぞう》（一九一四〜一九三九）が一九三七年に図面を書いたヒアシンスハウス（風信子荘。わずか五坪の週末住宅で、浦和市郊外の別所沼の畔に建設予定だったが立原の夭逝で実現せず。しかし二〇〇四年に、有志によって実際に別所沼畔に建造され、今でも見学可能）は狭いからこそ魅力があるし、トレーラーハウスや宝くじの売店、キオスク、ゴールデン街の飲み屋、間口二・一メートル奥行き九メートルの立ち食い寿司屋なども大いに興味を惹かれる。コロナ禍によるテレワークのため、家の中に即席の仕切りによる小さな個室を作ることがちょっとした慰めになったというサラリーマンも何名か知っている。

このように狭い空間（薄暗ければなおよろしい）は、心地よさと安心感を提供してくれる。そこはごちゃごちゃした日常空間から明確に切り離され、独自の価値観や考え方で仕切り直された小さな世界としてあらたに機能する。あたかも自分が世の中から消え失《う》せてしまったかのような不思議な気分を味わうことが可能となり、すると月並みで当たり前の事物が妙に新鮮に感じられたりする。

いわゆる俗説として「胎内回帰願望」といったものがある。胎児期の記憶を人は意識下に保持しており、その記憶を取り戻し実現させたいといった願望ゆえに、狭く暗い場所――つまり子宮の内部を連想させる空間に、安堵《あんど》感や郷愁を覚えるといった発想だ。何となく説得力はあるものの、そもそも羊水に浸っていた頃の記憶などというところが怪しい。しかも胎内回帰願望説を認めるなら、閉所恐怖の人たちはどういったことになるのか。流産の危険に遭遇したとか、母親が胎児の健康を損ないかねない物質を摂取したとか、そのような胎児にとってのトラウマが表現されているということなのだろうか。

あらためて考えてみれば、閉所恐怖症患者にとって、閉所はたんなる「狭く暗い空間」と言い切ってしまっていいのか。たとえば彼らが生活を送っている家の寝室よりも、新幹線や飛行機の内部のほうが遥《はる》かに広いのではないだろうか。でも彼らの多くは新幹線や飛行機でパニックを起こしかける。それは自由に外に出られないからで、つまり拘束感や束縛感への恐れであるように思われる。電車でも鈍行ならば、駅と駅との間隔が短いので何とか我慢できる患者は多い。

では、なぜ「すぐに」外へ出られないことが恐ろしいのだろう。事故や災害で生き埋めになるとか逃げ損ねるのを恐れる人はいる。かつて、実際に危険な目に遭遇した（あるいは親しい人がそのような体験をした）という経験が絡んでいるケースはあるに違いない。でも全員がそうとは信じられない。両親が過干渉で常に束縛されていたがためにそれが心の傷として作用し、自由が利かない状況を極端に恐れるといった類の因果関係もあまり見たことがない（むしろ別な束縛を求めて自縄自縛に陥ってしまうパターンのほうが普通である）。わたしは閉所恐怖ではないものの、急に便意を催したり吐き気に襲われたりしたときのことをかなりリアルに想像してしまうので、映画館ではすぐに席を立てるように通路側に座るようにしている。

壁の中

中世のイギリスには、隠修女anchoressと呼ばれる人たちがいた。カトリックの修道女（シスター）は修道院で生活して俗世間との断絶を図るのが基本だが、それをもっと過激かつストイックにしたような存在らしい。たった独りで教会の壁に穿《うが》たれた狭苦しいスペースに閉じ込められ、そこで生涯を祈りのみで送るのだ。

二〇〇四年に刊行された『独房の修道女』（ポール・L・ムーアクラフト、野口百合子訳、扶桑社ミステリー）を読んでいたら、この隠修女が登場した。物語は、二十世紀のイギリスの田舎町で司祭を務めるデュヴァルが、隠修女に関する歴史書を執筆するうちにだんだん精神がおかしくなり、若い女性を監禁して隠修女に仕立てようとする猟奇的なストーリーである。現代のパートと、十四世紀の隠修女クリスティーンのパートとが交互に書き綴られるのだが、後者を読んでいるときにわたしは酸欠状態寸前になった。既に述べたように当方は閉所恐怖症ではないのだけれど。

最後の石が積まれ、内陣の北側の壁にモルタルで固められた。何年にもわたる教えと祈りがついに、神の恩寵《おんちょう》の最終的なあかしとして結実したのだ。十八歳のクリスティーンは、これまでの生活のほとんどを農作業のために戸外で過ごしてきた。だが、いまからは二つの小さな穴からしか世界を見ることができない。このさき残りの生涯を、少女は石の壁の中で生きるのだ。そして、その生涯は長いものになるだろう。なぜなら、イングランドのほかの州にいる隠修女たちは、三十年かそれ以上生きているからだ。

小さな中世の教会に住むことがいまやクリスティーンの運命となり、過去の人生は遠いものとなった。二つの細い光のほかは真っ暗な、壁の中の新たな内的生活に比べれば、過去の人生は光と影にみちたせわしない世界だった。四つ葉飾り窓と祭壇遥拝窓《ようはいまど》は、船のへさきのようにのびた突出部の両側にある。遥拝窓からは聖なる祭壇が見え、四つ葉飾り窓からは聖体拝領を受けることができる。これらの小さな窓が彼女の存在の核となり、まったき観想にふけるための手だてとなるだろう。

書き写しているうちに、あらためて息苦しくなった。何だか根源的な不安が生じてくる。クリスティーンの置かれている状況そのものが「早すぎる埋葬」に近似しているからでもあるが、それよりも、隠修女として生きていくことを決意したのは彼女自身なのである。わずか十八歳で世を捨てるというとんでもない決断を下したことに、わたしは動揺せずにはいられない。

正直なところ、自殺した人に対しては「ああ、そういった選択肢を取らずにはいられなかったんだな」とかなり淡々としている当方なのだが（うつ病などの精神疾患による自殺を除く）、これから先何十年にも及ぶ長い人生のありようを早々と決断してしまい、しかも、もはや撤回ができない。おそらく将来において、暗く冷たい壁の中で「若気の至りで取り返しのつかない決定をしてしまった……」と呻き声を洩《も》らしたり、退屈さや孤独感に耐え難くなったり、自己正当化のためにより一層信仰にのめり込んでいったりするのだろうと勝手に想像して、ひたすら恐ろしくなるのである。

そう、判断を間違えたことに気づいても後には退《ひ》けず、それを一生涯背負っていくしかないようなシチュエーションがわたしには途方もなく恐ろしい。死ぬまで後悔にまとわり付かれ、臍《ほぞ》を噬《か》みつつ細々と生きていくなんてこの世の地獄ではないか。

わたし個人としては、「後悔先に立たず」と総括するしかないような種類の絶望――それに対する忌避感が病的に顕現したものが閉所恐怖なのではないかという気がしてならない。狭い空間は行き止まりであり、身動きがとれない。また自由に出て行くことの叶わない空間は、痛恨の予感そのものを表現しているのでは？　そうとなれば、狭い空間をひたすら避けなければ安寧な生活は送れない筈で、だが狭い空間を避けつづけることなど現実的には困難ゆえに、閉所恐怖症の人たちは苦境に追い込まれる。

空気が薄い

スポーツキャスターやテレビのコメンテーターなどで活躍している長嶋一茂《ながしまかずしげ》は、パニック発作で飛行機や新幹線に乗れなくなった時期があったそうである。『乗るのが怖い――私のパニック障害克服法』（幻冬舎新書）を読んでいたら、そのように書いてあった。

同書によれば、パニック障害を発症したのは三十歳、まだ野球選手であったときだという。「当時、私はまだ読売ジャイアンツの現役選手だったが、その年の五月に二軍行きを命じられ、三ヶ月余りにわたって、まったく思ったように動かない肘のケガを抱え、うつうつとした二軍生活が続いていた」。そんな時期に、ホテルのレストランで飲食し、「トイレに入り、壁の鏡に映る自分と目が合った瞬間に、私はなぜかこう呟いていた。／「あれ？　おかしいな、狭いな」／そして、次の瞬間にはこう思っていた。／「あれ？　このトイレの中って、空気が薄い……」／そこから先は、実はよく覚えていない」。

こうして長嶋はパニックを伴う閉所恐怖症を発症した（このときは救急車で病院に運ばれる羽目に陥ったという）。そのため野球の練習にも行けなくなり、最終的には戦力外通告を受けて選手生活を終えることになった。

わたしの勝手な推測を申せば、発症時において彼は選手としてこれからも活躍していきたい意欲と、選手をつづけることの限界とを同時に感じていたのではないだろうか。ひょっとしたら、今が辞めどきかもしれない。だがミスター・ジャイアンツの息子として華々しくデビューした自分がここで諦めてしまったら、ずっと後悔することになるのではないか。行き止まりの気分、痛恨の予感が、自律神経の不調を経て右に引用したようなパニック出現の瞬間を導き出したのではないだろうか。

だから彼が、狭い空間で繰り返されるパニックの苦悩を経て「どんなにしんどくても、結局、自分の身の振り方や生き方は、自分自身で考えていかなければならない」といった思いに至ったことにも納得がいくのである。

おしなべて閉所恐怖症の人たちは、〈後悔することになりそうで動きがとれない→息が詰まりそうだ〉〈狭い空間は逃げ場がない→息が詰まりそうだ〉といった具合に、案外シンプルな図式が症状の裏に成立することが多い気がする。わたしが精神科外来で出会った人たちを思い起こしても、そのような図式におおむね該当する傾向があった（ただ、そのような図式が見えてくるくらいに心の葛藤や苦しみを本人が言語化できれば、もはや症状は鎮静化しているのが通常のパターンであった）。

本章で述べてきた甲殻類恐怖、集合恐怖、高所恐怖、尖端恐怖といったものにおいては、なぜそんなものに恐怖を覚えるのか周囲は不思議がるのが常であった。しかし閉所恐怖においては、「息が詰まりそうだ」というフレーズによって、葛藤や「痛恨の予感」と、狭い空間とが無理なくつながり、その点においては意外性が乏しい。分かりやすい。もっとも当事者は、パニックの最中は当惑と焦燥と恐怖に翻弄されるばかりで、分かりやすいどころではないわけであるが。

恐怖症とアイデンティティー

恐怖症の対象となるのは、本来、「危険ではない」ものである。場合によっては危険になり得ても、とりあえずそんな可能性はほぼゼロである——そんな状態にあっても、危険だと認識してしまう。それどころか過剰反応をしてしまう。つまり多くの人にとっては安全と見なされる状況においても、恐怖症の人々は勝手に「危険」を見出して狼狽《ろうばい》したり混乱に陥る。それは、捉えようによっては滑稽な姿にすら映るだろう。

そもそも恐怖症とは、神経症の一種である。すなわち、恐怖症となるような人たちは普段から心の中に漠然とした不安や屈託を抱えている。人間というものは、どうやら「漠然」とか「曖昧」というのが苦手のようで、だから摑み所のない不安や屈託などは苦痛になる。でも解消はできない。

そうなると、とにもかくにもその不安や屈託を何か具体的な事象に託したくなる。とりとめのない状況に苦しむよりは、具体的なことに苦しむ――そのほうが気分的に楽になるのだ。しかしだからといって、そこでいきなりイボイボだのブツブツといった集合体に青ざめるとか、東京スカイツリーの展望デッキで足が竦み震えが止まらなくなるとかの症状に結実してしまうのはいささか突飛である。だが人の心は往々にして驚くような飛躍をしてみせる。性欲の対象の多様性や不可解さを見ても、それは見当がつくのではないか。おそらく、ある程度の準備状態はあったのだろう。何らかの不快な体験の記憶とか、象徴的な意味合いとか、加工変形された忌避的感情とか。さらに、実際に危険か否かとは別に、人が心を託しやすい事象というものがあるのだろう（しかもうっかり心を託してしまうと、余計に事態が厄介になってしまうような事象が）。そのようなプロセスが介在することで、恐怖症という切実であると同時にどこか馬鹿げた症状が出来上がると思われる。

そしていったん恐怖症が出現してしまうと、いつしかそれは当人のアイデンティティー（その人らしさ）へと組み込まれてしまうようである。甲殻類で顔面蒼白《そうはく》になるとか、尖ったもので動揺するとか、そういった反応もいつしか「自分らしさ」として当人が無意識のうちに認識してしまい、そこで恐怖症はなおさら強固なものとなっていく。ナントカ恐怖といった形で弱点を持ってしまうのは決して嬉しいことではないけれど、それによって自分自身というキャラクターを把握する手掛かりを得たような気にもなる。あたかも自分の顔が描かれた似顔絵でも見るように。

恐怖症は、所詮は「恐怖もどき」でしかない。が、そのような奇妙なものが存在したほうが結果的には人生をよりリアルに過ごせる場合もあるようなのだ。そこに人の心の妙味がある。

人形恐怖

ここまで書いて恐怖症については一段落させるつもりだったが、昨日、知人と喋っていたら人形が怖い、と（いやに真剣に）言っていた。そういえば妻も人形をものすごく嫌がる。こちらが思っている以上に人形恐怖は世間で共有されているのかもしれない。という次第で、ここに少しばかり書き足しておこう。

実際に人形によってひどい目に遭った人はまずいないだろう。でも不気味に感じている人は少なくない。スティーヴン・キング原作の『ＩＴ／イット〝それ〟が見えたら、終わり。』（アンディ・ムスキエティ監督、二〇一七）では、人形ではないけれどもピエロが強烈な印象を与えてくる。ピエロも位置づけとしては人形に近いのではないか。そういえばホラー映画には、チャッキーをはじめとして邪悪かつ意思を持った人形の登場するジャンルがある。やはり人形恐怖について記しておくべきようだ。

純文学の作家とされている古井由吉《ふるいよしきち》（一九三七〜二〇二〇）の初期作品に「人形」という短篇がある（『哀原』所収、文藝春秋）。全体に曖昧模糊とした不気味な作品で、怪奇小説とみなしても良いかもしれない。

冒頭からして、「人形を抱えて郷里から東京へもどった直後、郁子は週に三度も人違いをされた」といった具合に、何だか只《ただ》ならぬトーンで物語は進んでいく。

郁子は九歳で母を亡くし、翌年に父は再婚したものの義母とは折り合いがつかず、伯父《おじ》の家で育てられた。東京の大学に彼女は進み（在学中に実父は死去した）、卒業後も都内で就職して一人暮らしを続けた。なぜ郷里に帰って結婚をしないのかと顔をしかめる伯父は、東京に執着する彼女に、蔵にあった人形を持たせる。餞別《せんべつ》代わりのようであった。その人形は一人暮らしのアパートにはかなり大きく、彼女はタンスの上にそれを置いた。

以来、郁子はやたらと人違いをされ、見知らぬ人から声を掛けられるようになった。そんな奇妙なことが重なると、次第に自分自身が何者であるのか心許なくなってくるではないか。

タンスの上の人形も、郁子がようやく緊張から寛《くつろ》いで部屋の中を歩き回り出すと、ときどき後ろから見るようだった。視線を感じて振向くと、ベッドを見おろす笑顔に悪戯っぽい表情がひろがる。郁子も燥《はしゃ》いだ気分になって一人で喋りまくりはじめる。そして喋りくたびれ、寝間着に着替えてベッドに仰向《あおむ》けになり、視線をすこし窓のほうへ向けていたはずの人形がいつのまにか枕の上をまともに見おろしているのを毎夜訝《いぶか》りながら、同じことを人形に訴えかけた。

「ねえ、教えてちょうだい。あたしはどんな顔してるの。あたしは誰なの、何人いるの、どことどこにいるの。あたしの、あたしたちの、ほんとうの顔は、おおもとの顔は、どんな顔なの」

少しずつ、郁子の精神は変調をきたし、どこか自滅的な振る舞いに及ぶようになる。やがて、もはや死んでいる友人が当たり前のように目の前に登場したり、現実と冥界との境界があやふやになってくる。そのあたりの描写が読みどころである。遂に彼女は錯乱を呈したり朦朧状態となったり、すなわち「正気」を失ってしまう。女友達からの連絡で、郷里から伯父がアパートに駆けつける場面で物語は唐突に終わるのであるが、結語は伯父の発した左の台詞《せりふ》である。

「これはいかん。気づかなかったわしが悪かった。こんな狭い部屋に、こんな大きな人形を置いては」

わたしなりの無責任な推測としては、作者はこの結末の台詞を思いついてから、遡って物語の全体を整えていったのではないだろうか。それほどに、このフレーズは気味が悪いと同時に妙な説得力を持っている。

そもそもこの小説で人形はどのような意味を持っているのだろうか。伯父のくれた人形は昭和の初めに作られたもので、つまり郁子が生まれる前から存在している。そして彼女が自室にそれを置いてから、やたらと他人と間違われるようになった。他人と間違えられるのは、彼女の個別性が希薄になったからではあるまいか。よほどユニークな目鼻立ちをしていない限り、世間に似たような顔はいくらでもある。でもそれが混同されないのは、いわばその人らしさを発散させるエネルギーのようなものが漲《みなぎ》っているからではないのか。言い換えるなら、彼女の生命力が弱まりつつあるから人違いをされるのではないか。それは人形が郁子の生命力を吸い取りつつあるからとは考えられないか。

人形の過去については書かれていない。それはそれとして、当然のことながら人形は歳《とし》を取らない。だが昭和の初め以来、古びたり老いたりすることがないのは、それがこの世のものではない——そんな要素がいくらかでも絡んでいるからではないか。現実と冥界を橋渡しして、しかも生きる者の生気を吸い上げて存在感を保つのが人形なのではないか。人形には多かれ少なかれそのような邪悪な作用が備わっており、ましてや「こんな狭い部屋に、こんな大きな人形を置いては」もはや持ち主を死に至らしめかねない。そのようなイメージが、仄《ほの》めかしに満ちた文体でねっとりと展開されているように思えるのである。

別の結末

もしもこの小説において、伯父が郁子のアパートに駆けつけなかったとしよう。その場合、物語の結末はどんなものになるだろうか。

わたしの想像では、おそらく人形と郁子とが入れ替わっていると思う。タンスの上でサイズの小さくなった郁子が不自然な笑みを浮かべつつ鎮座し、人形の顔をした郁子が微妙にぎこちない動きをしながら毎日仕事に出掛けていく。そんな偽りの平和で成り立った光景で終わるのではないだろうか。

人間と人形のペアであったものが、いつしか人形と化した人間と、人間を装った人形とのペアになる。これで五分五分、生気の配分が対等となった。そして現実はいよいよ冥界との区別がつかなくなっていく。

わたしは人形を眺めていると、人形であること自体に満足している人形なんてひとつも存在しないのではないかという気分になってくる。欲求不満と怒りを押し隠しつつ取り澄ました表情を浮かべ、隙あらば人間と立場を入れ替わろうと虎視眈々《こしたんたん》としているのではないかと空想せずにはいられない。そして人形は決して人間に好意を抱いていない。自分が「人間のニセモノ」であることを強く恨んでいる。ならば人間からそっと生気を吸い取り、あわよくば人間と交替してしまうのが彼らの理想だろう。そんな油断のならない悪意に似たものが、人形からは伝わってくるように感じられるのだ。もちろんそんな発想は、自分が日々痛感している不全感を人形へ投影した挙げ句のファンタジーなのであろうが、それはそれでかなり普遍性のある「不全感」には違いない。

ここでまたしても恐怖の三要素に照らしてみるなら、人形は人間にいささか似過ぎている。ヒトとモノとの、現実と冥界との境目を踏み越えようとしている。往々にしてわたしたちよりも前から（そしてわたしたちが死んだ後も）存在していて、人間そっくりなのに歳を取らない。総じてどこか超越したトーンを孕《はら》み、それが言いようのない〈不条理感〉を醸し出す。人形とはしばしば一対一でわたしたちは向き合う。無言で、孤独な状態で。いつしか人形の顔からわたしたちは視線を逸らせられなくなり、それがそのまま〈精神的視野狭窄状態〉を招来する。人形が人間と入れ替わりたがっているのではないかという馬鹿げた（だが妙にリアルな）疑念は、そのまま油断ならない気分、さらには〈危機感〉につながるだろう。

ピエロはどうだろうか。首尾良く人間になりおおせた人形が、まだ自信を持てないので突飛な化粧をほどこし、悪意と躁《そう》的気分とで陽気に振る舞っているといった印象なのである。すなわちピエロのコスチュームやカラフルな化粧は「見え透いた嘘」そのものであり、その下には異常な心が隠されている。だから怖い。そのあたりを物語へと巧妙に仕立て直すと、すなわち社会現象を巻き起こした映画『ジョーカー』（トッド・フィリップス監督、二〇一九）になりそうに思われる。

二十年くらい前に、老母がなぜかリングリング・サーカスを観たいというので妻と一緒に連れていったことがあった。最前列に近い席で、始まったらたちまちピエロが出てくる。ハッピーを装いつつ、いかにも油断のならない空気をまとわりつかせているのである。うっかり目があったらステージに引っ張り出されてダンスでも強制され、笑い物にされかねない――そんなヤバさがあって、極力視線を外すように留意していなければならなかった。しかも観客をいろいろ扇動する。下心のカタマリみたいな奴《やつ》である。おまけに、もしもこのピエロと誰もいないところで向き合ったら、たちまちわたしの不品行や秘密をあれこれ暴き立てて嘲《あざけ》りそうな気がしてならなかった。

つまりピエロは人間になりたての人形であると同時に、わたしの心に潜む超自我と「つるんで」いる。とんでもない奴であり、でも、もしもこのピエロを殺したら自分も同時に破滅することになりそうな不穏さがある。人形にせよピエロにせよ、わたしたち人間と適度な距離感を上手く保てないところにおぞましさが宿っているような気がするのだ。

第三章　恐怖の真っ最中

ゴキブリの件

ゴキブリは不快害虫と呼ばれるくらいだから、忌み嫌う人は多い。いや、嫌いでない人なんて、ゴキブリの生態を研究する学者でもない限りかなり稀だろう。

たとえ腕っ節の強そうな男性であろうと、夜中に部屋の電気を点《つ》けたら床にゴキブリが一匹いた、といったシチュエーションでたちまち恐怖に駆られる人が結構いるようだ。さすがに悲鳴は上げないものの、息を呑んだまま凍り付くらしい。わたしはそこまでの反応には至らないが、確かに怖い。その怖さは決して表層的なものではなく、それこそ立方体の幾何学的空間の中でわたしと一匹のゴキブリとが対峙しているというまことに抽象的な状況から生み出される何か根源的なもののように直感される。だから翌日になってわたしはしばしば（本気になって）思い返すのである、「あの感情体験はいったいどのようなことだったのだろう」と。

床の上のゴキブリは、ちっぽけであるにもかかわらず、真っ白いシャツに跳ねた一滴の黒い飛沫《ひまつ》のような強いマイナスイメージを伴った存在感を与えてくる。目にした途端、どこか取り返しのつかない気分がわたしの中に生じ、図々《ずうずう》しい闖入者《ちんにゅうしゃ》といった腹立ちもまた生ずる。ゴキブリなんて、所詮はゴミを漁《あさ》るような汚らしく低劣な生き物である。そのくせ、三億年前から地球上に棲息《せいそく》している。なりふり構わぬ生命力を携えた昆虫の姿は、文明という病に感染しその結果として脆弱《ぜいじゃく》な存在と化してしまった当方を嘲笑《あざわら》うかのようでもある。

ゴキブリと遭遇した刹那、わたしも向こうも互いに動きは止まる。でもそれはほんの一瞬で、たちまちゴキブリはこそこそ逃げようとする。一直線に視界から立ち去ろうとするなら、まだ理解は可能だ。しかし奴は真っ直《ます》ぐに逃げない。あちこちデタラメに高速で這い回り、それはパニックを起こしているようにも、さもなければこちらを挑発しているようにも映る。さすがにこちらへ向かってかさこそと走って来られると身が竦む。奴は、ときには凄《すご》いスピードで壁を這い上りさえする。下手《へた》をしたら天井まで走り登り、わたしの頭の上や、シャツの後ろ襟と背中の空隙へ狙い定めたように落下してくる危険すらありそうだ。これは想像しただけで顔色が変わる。いったいゴキブリは当方に敵意や悪意を持っているのか、逆にこちらを恐れ自暴自棄な動きをしているだけなのか、それすらも判然としないのが薄気味悪い。

結局、奴の動きはまったく予想がつかない。

目の前に姿を現したゴキブリは、ひとつのメッセージを携えている。お前の住む部屋は、もはや安全やプライバシーの確保された心地好《よ》い空間ではない、既にゴキブリが出入りしたり、それのみならずどこか見えない隙間でゴキブリが増殖したりするような不衛生で無防備な空間に堕してしまったのだ、と。どれだけのゴキブリが隠れ潜んでいるのか、それは決して確認ができない。電気を消して眠りに就いた途端、ゴキブリは再び姿を現すだろう。おそらく複数で。睡眠中のわたしの身体を這い回ったり、半開きの口の中を覗き込むかもしれない。床も壁も（ひょっとしたら天井も）家具も蒲団《ふとん》も食器も、ことごとく不潔な奴らに汚染されている可能性が高い。いつの間にかわたしの住処《すみか》は事実上乗っ取られ、清潔で安全な感覚を剝奪されてしまった。

人間は肉体がタマシイを包み込む構造になっていて、さらに住居が第二の皮膚となって日々を暮らしている。でも今や第二の皮膚の下をゴキブリが右往左往している。それは「おぞましい」としか形容の言葉がない状態だ。その「おぞましさ」がみるみるドミノ倒しのように広がり、遂にわたしは恐怖に捕らえられる。タマシイを包む「層」の一部へ、生きたゴキブリが混入してしまったという不快感、いや絶望感はわたしを打ちのめす。その感触は、あたかも世界が変容して自分がまったく油断のならない――それこそ太古のジャングルへ放り込まれたようなものだろう。しかもわたしは、ゴキブリにはおそらく死の観念ないしは死を恐れる感覚が欠落していると信じている（逃げるのは、ただの反射的振る舞いでしかない）。

ああいった生き物は旺盛な繁殖力を持ち、数で勝負といった性質がある。個々別々でなく、無数の集合によって一つの生命体を成しているようなところがある。したがって自分が死んでもそんなことには頓着しない、自身の代替はいくらでもある。そういった意味では不老不死に近いニュアンスがあり、そんな死生不知《ししょうふち》かつ圧倒的な生命力を前にしたわたしは自分が無力のカタマリでしかないことを思い知らされる。これが恐怖でなくて何であろう。

粘り気のある時間

わたしが夜中の室内でゴキブリと出会ったとき、時間の流れは一瞬ストップし、それからしばらくは非常にゆっくりと時間が流れ、自分が恐怖に囚《とら》われていたと明瞭に気づいた時点でやっと時間は再び通常の速度で流れ始めた。記憶を辿《たど》ると、そうとしか思えない。

時間の流れが減速しているとき、わたしはゴキブリの姿をしげしげと眺め、それどころか詳細に観察していた。たまらなく不快であるにもかかわらず。かつて海岸で見掛けたフナムシも相当に気持ちが悪かったが、あれはゴキブリと近縁の生物なのだろうか。後ろ向きにゴキブリが進むところを見たことがないが、それは構造的に不可能だからなのだろうか。雄と雌とを見分ける外観的な特徴はあるのだろうか。などと、取り留めのないことをあれこれ考えていた。同時に、床の幾何学模様をあらためて認識したり、視界の隅に映っているダイニングテーブルの脚が今まで漠然と思っていたよりも細いことに意外性を感じていたりもした。そんな調子で思考や感覚がへんに微視的になっていた刹那、ゴキブリが不意に動いてなおさら驚愕に圧倒されたのだった。

恐怖に心を奪われているとき（だがその最中には、かえって恐怖は感じない）、それまではさらさらと流れていた時間は急に粘り気を増し、そのため時間はゆっくりと濃密に流れ始めるような気がしてならない。

T・ジェファーソン・パーカーの『レッド・ボイス』といういささかアバンギャルドな警察小説がある（七搦理美子訳、早川書房）。この本の冒頭で、サンディエゴ市警の刑事ロビー・ブラウンローは火事の起きたホテルの六階の窓から投げ出され、墜落をする。落ちていくロビーの様子を一部引用してみる。

落下の速度がしだいに増していった。これほどのスピードを肌で感じるのは生まれて初めてだった。ほかのどんなものにもたとえようがなかった。速度がさらに増すと、仰向けのまま両腕を広げて宙をつかもうとした。灰色の空をバックにホテルの屋上が視界に入り、落下の勢いで耳たぶが上向きに曲がるのがわかった。今やこの命は自分よりずっと大きな何かの手に委ねられたことを悟った——人の命が何かの手に委ねられているとすればだが。

（中略）上空の雲がぐんぐん遠ざかるのを見ながら、あとどれくらいで地面に達するか計算しようとした。秒速十六フィートとすればどれくらい？

いやに悠長にロビー刑事はあれこれ感じたり考えている。あと数秒で地面に叩きつけられてしまうというのに（実は一階の店舗の赤い日除けでワンバウンドして、命は助かるのだが）。落下の勢いで耳たぶが上向きに曲がるのをはっきりと意識するあたりは、べつに高所から墜落した体験など当方にはないものの、いかにもありそうなエピソードの気がする。いずれにせよ恐怖の渦中にあるべき場面で、ロビー・ブラウンロー刑事の主観的時間は落下速度と反比例するかのように減速している。しかも恐怖の感覚そのものは麻痺しているかのようだ。そのように描写されて小説はリアリティーを獲得している。

フィクションだけでは信憑性《しんぴょうせい》に欠けるので、スイスの地質学者アルベルト・ハイムが若い頃に登山で落下した体験を紹介しておく。著名な精神病理学者であった島崎敏樹《しまざきとしき》（一九一二〜一九七五）の『心で見る世界』（岩波新書）に載っていたハイムの回想である。

……墜落のあいだに、考えが洪水のようにはじまった。五秒か十秒ぐらいの間に私が考えたこと感じたことは、五十分百分かかっても話せまい。まずはじめに、私は自分の運命のさまざまの可能性——私が墜落した結果、あとに遺《のこ》された者がどうなるかを概観した。それから少々離れた距離にある舞台の上で演じているように、私の過去の全生涯がたくさんの場面となって演じられるのが見えた。私は自分がそこで主役の役をしているのを見た。何もかも神々しい光で輝くようで、あらゆるものが美しく、苦痛も不安も苦悩もなかった。崇高な青い空が、ばら色や淡い紫の雲をうかべてだんだんと私をとりまいた。私は苦しみもなくおだやかにその空のなかへうかび上っていった。客観的考察と思考と主観的感情が同時に相並んで進んでいった。それから私はぶつかる鈍い音をきき、これで墜落が終った。

なお、サンディエゴ市警の刑事においても、アルベルト・ハイムと同様のパノラマ体験があったことを作者のT・ジェファーソン・パーカーは後段でそつなく書き添えている。落下とは異なるが、ここで当方の「粘り気のある時間」に関する経験をひとつ披露したい。二十年近く前に民間のFM放送に出演したことがある。ウィークディの昼間であった。司会をしている若い男がわたしの著書に絡めて精神医学に関する話題を振ってくるのだが、どことなく人を馬鹿にしているかのような態度が伝わってくる。質問内容もゲスでくだらない。外見も喋りもまことに軽薄な男で、当方としては自著の宣伝になるだろうといった下心があったからとはいえ、こんな人物と顔を突き合わせているのが心の底から情けなく、不愉快になってきた。

番組が終わりかけてきたが、まだスタジオから出て行くわけにはいかない。でも、もう嫌だ。はるばる渋谷まで来たのだから、せめて帰る途中であそこのレコード屋に寄って行こうかなどと頭の中で算段を始めていた。とにかくこの場から立ち去りたかったのだ。

ところがその軽薄男がいきなりわたしに向かって言うのである。

「では最後のまとめを、本日のゲストである春日さんにお願いしましょう！」

まさに不意打ちである。もう自分は発言せずに終わると思っていたのに。しかも、既に帰途での買い物を考えていた最中なのである。突然には思考を切り替えられない。俗に言う「頭の中が真っ白」になった。絶句したまま言葉が浮かんでこない。おまけに今は生放送の真っ最中なのである。

絶句した状態というものは、瞬時を置かず周囲はそれを察知するものらしい。司会の男もアシスタントの女性アナウンサーもプロデューサーも、全員の表情がぎょっとなり、たちまちのうちに身を強張《こわば》らせ緊張していくのがはっきりと分かった。まさに手に取るように分かる。スタジオ内の空気は異様に澄み渡って透明度が増し、精密で高価そうな放送機材が細かなディテールまでくっきりと見える。すべてが他人事《ひとごと》のように感じられ、高速度撮影の画面を眺めているかのように感知された。

おそらくせいぜい一、二秒しか経過していない筈だ。しかし十秒以上には感じられた。そしてぎりぎりのタイミングで、自分でも意識せずに「最後のまとめ」が口からすらすらと出てきた。危ないところであった。まさに間一髪としか表現しようがない。

絶句した瞬間、わたしは「ヤバい！」と思い血の気が引いた。次の瞬間からはもはや恐怖と呼んで差し支えない感情が急速に心を覆い尽くしつつあった。だが同時にわたしの五感は研ぎ澄まされ、恐怖の感覚は麻痺し、それこそ「落下の勢いで耳たぶが上向きに曲がる」のを自覚するかのような悠長さすらも、焦り慌てる気持ちと共存させていたのだった。さすがにパノラマ体験までは生じなかったが。

こうして詳細に思い返してみると、わたしはまぎれもなくあのスタジオで恐怖を体験したにもかかわらず、その体験の中核においては恐怖感が透明なラップにでも包まれて生々しさを封印されていたような気がするのである。恐怖は加速度の中に宿っており、一定の速度にまで達したとき（そのとき、相対的に現実の時間の流れはゆっくりとなっているだろう）にはかえって恐怖は感じにくくなっている——そんな印象があるのだ。回想によって反芻される恐怖のほうがよほどリアルで恐ろしい。

過覚醒

恐怖に際して時間の流れが減速し、目の前の眺めが高解像度の画面で見たように鮮明化するといった現象は、誰にも共通して生ずるものらしい。さらに死の直前（と本人が観念した瞬間）に、人生の過去が映画やパノラマのようにありありと展開されるといった現象も決して例外的なものではない。

オランダの心理学史教授ダウエ・ドラーイスマが書いた『なぜ年をとると時間の経つのが速くなるのか』（鈴木晶訳、講談社）には、こうした現象のメカニズムがコンパクトに説明されている。

……ショックや恐怖を感じた最初の瞬間、大量のアドレナリンが放出される。脳は極度の活性化状態に投げ込まれ、思考と反応がお互いに高速で次々と繰り返されるので、時間が長くなったような気になる。次に、ストレス、痛み、酸素欠乏など、死の危険という特定の状況がもたらされ、これがエンドルフィンの生成につながる。このエンドルフィンが痛みを和らげ、感覚を抑制し、本能的な恐怖に対する反応の後に、落ち着いた感覚がやってくることを確信させる。しかしその同じ抑制効果が、記憶と時間感覚に関係する脳の部位の働きを止めてしまう。海馬《かいば》のニューロンや扁桃《へんとう》や側頭葉《そくとうよう》のほかの部位が自発的に働いて、意識のなかに、最高速で供給され、不注意に集められた一連の映像を映し出す。不安を与えるような場面は出てこず、むしろ、くつろいだ知覚麻痺や朦朧とした陶酔状態にあるので、見物人はすべてを温かな、落ち着いた光のなかに見る。

アドレナリンによる過覚醒が、時間の減速や鮮やかなディテールの感知をもたらす。さらにエンドルフィンの分泌が心を鎮め恐怖を麻痺させるものの、それと同時に脳内の連携システムにブレーキが掛かり、すると脳のあちこちが勝手に作動して、穏やかなアンビエント・ミュージックにも似た映像が脈絡なく出現するというわけである。エンドルフィンはモルヒネの一種であり、絶体絶命状態においてわたしたちの脳が絞り出す(偽りの)救いなのだ。

ところで、ハンガリーに生まれイギリスで活躍したマイクル・バリント(一八九六〜一九七〇)という精神分析家がいた。彼には『スリルと退行』という著作があり(中井久夫・滝野功・森茂起訳、岩崎学術出版社)、そこでスリルについての説明が述べられている。

……三つの特徴的態度が観察される。第一は、恐怖を意識していること——少なくとも外的・現実的危険を自覚していることである。第二は、この外的な危険とそれが起こす恐怖とに対して意図的に進んでわが身をさらすということである。その一方で、第三に、その恐怖は耐えうるもの、こなすことのできるものであり、危険は一時的なものであってやがて過ぎ去り、無傷のままで安全なところへやがて戻れるという見通しを持ち、この見通しにすっかり安心して信頼し切っていることがある。何でもよいがある外的な危険に身をさらし、これを恐怖しつつ楽しみ、そして見通しに信頼し切っているという、このカクテルこそ、すべてのスリル thrills の基本をなす要素である。

まさにその通りだと思う。恐怖は必ずしも苦痛や不快とイコールではないところが重要だろう。前章で記した恐怖症においては、恐怖と戯れるだけの余裕が恐怖症患者にはない。だからスリルなど成立せず、苦痛と困惑に彼らは翻弄される。

バリントは、スリルを好む人たちをフィロバット philobat という造語で呼んだ。フィロバットはアクロバットからの派生語で、その反対に安全や安定にこだわる人たちにはオクノフィル ocnophil という造語を用意した。ギリシア語の「尻ごみする、ためらう、しがみつく、ひるむ」を意味する単語をベースにしたものという。そして人間はフィロバットとオクノフィルの二種類に分かれるという説を唱えたのだった。

おそらくフィロバットたちはアドレナリンによる過覚醒に淫しているのだろう。スリルを愛し、危険とダンスを踊り、恐怖を手なずけることで全能感を味わいたいのであろう。そして臆病で地道なオクノフィルたちを蔑《さげす》みたいのだろう。

恐怖は人を圧倒することが多い。そうなると、だからこそ恐怖を軽くあしらってみたいと思う人間が出現するのは当然だろう。もっとも、その代償として命を失ったりするケースも出てくるわけだが、心配には及ぶまい。エンドルフィンが優しく当人を天国へ導いてくれるに違いないから。

日常が変貌する

次に、精神疾患に関しても言及しておきたい。統合失調症で幻覚妄想が活発になっている時期において、脳は過覚醒にあると考えられる（そういった点では、覚醒剤を使用したときに近似する）。不眠に悩まされ、音や光に過敏となり、感覚が異常に研ぎ澄まされる。

そうなると、普段なら見過ごしていたようなことにも意味を見出したくなる。たとえば道で自分の脇を走り抜けていった自動車のナンバープレートにあった数字が自分の生年月日と一致したとして、それを単なる偶然と笑い飛ばすことができなくなる。何か強大な力を持った秘密組織が発している警告であるとか、偉大なる存在が自分を試しているのだとか、とんでもない深読みをせずにはいられなくなる。そのような思考が妄想を形づくっていく。いったん妄想にドライブが掛かると、次々に独特な意味をあちこちに「発見」するようになり、妄想はますます確固としたものになっていく。同時に、恐怖や畏怖の念が伴うようにもなる。

精神状態が普段とは異なってしまえば、たとえば味覚すらも変わる。いつもと同じハンバーガーなのに味が違うと感じ、あまつさえそれは刺客によって毒が仕込まれているからだと解釈したりすることになる。そのとき当人は、まさに恐怖を感じているだろう。

ドイツ語に世界没落体験 Weltuntergangserlebnis という大仰な言葉がある。統合失調症の初期において、突如、ただならぬ予感やこの世に変容が訪れたかのような気分に囚われることがある。高度に凝縮された世紀末感情とでも呼ぶべきだろうか。さらには差し迫った破滅の気配とか。すなわちこの世の終わりが来たかのような強烈な不安感および歪んだ高揚感に圧倒される。これが世界没落体験である。

ここまで強烈ではなくとも、世界が以前とは異なった表情を帯びてしまったかのように感じることが多い。そしてそこから患者は過覚醒を介して、常識とは異なった意味を持つ妄想世界に踏み込んでいく。

島崎敏樹『人格の病』（みすず書房）に掲載されていた症例を引いてみよう。

ある二十八歳になる妻は、暫《しばら》く前から夜眠れなかった。言葉で表わせない、とんでもないことが起りそうな不安が度々襲った。ある晴れた晩彼女は表てに出て、長いこと何かの起ってくるのを恐ろしい不安と期待で待っていた。眼の前に起伏している山の黒い尾根の上に、大きな星が一つ輝いて出てきた。星は彼女にまたたいた。それは暗示であった——神はお前を世の中を救うために選んだのだ。この時以来彼女の生活態度は一変した。夫と子供とを彼女は放っておくようになった。食事作り、洗濯、走り使い——そうした家庭的雑務を怠り、しばしば聖書の一節一節を夫に説いてきかせ、世の中にいる孤児や貧しい子供を貰って育てようとか、孤児院の保姆《ほぼ》になりにゆくと真剣に言い張ったりした。彼女の救世的思想は追々根を張ってきて、家庭を離れた「仕事」の生活に入ることばかりを考え耽るようになった。

この二十八歳の妻のエピソードは、もしかすると美談めいた話に思えるかもしれない。ある晩を境に、いわば聖母を目指すようになったのだから。しかし家族にとってはどうだろうか。彼女は、まったくの別人にいきなり変貌してしまった。しかもきわめて現実離れした人物に。なぜそんなことになったのか、理由も契機も家族には分からない。それなのに、もはやかつての彼女と一緒なのは外見だけなのである。これはじわじわと家族の心を蝕《むしば》んでくる種類の恐怖ではあるまいか。

ここでわたしが押さえておきたいのは、過覚醒といった精神状態が孕む危うさなのである。それは狂気とも関連するだろうし、臨死体験とも接点を持つ。あるいはこんな話はどうであろうか。

一九七〇年代から八〇年代にかけて、アメリカの写真界でニューカラー New Color Photographyというムーブメントがあった。メインの写真作家はスティーヴン・ショアやウィリアム・エグルストン、ジョエル・マイロウィッツなどで、カラー・フィルムによる画像によって描き出されたアメリカの日常が主なテーマとなっていた（それまではカラー写真は退色することが理由で芸術写真の範疇には入れられていなかった）。ことにスティーヴン・ショアが撮影した荒野やハイウェイ沿いの駐車場やガソリンスタンド、ダイナーなどの光景は見る者を圧倒した（ネット検索でいくらでも鑑賞可能）。わたしも写真集を通じてそれらに衝撃を受けたのであるが、とにかく異様な写真だと思った。

べつに画像に死体とか怪物とか気味の悪い物が写り込んでいるわけではない。アメリカン・ニューシネマ以降の映画で見掛けるようなロードサイドの風景でしかない。だが大判フィルムで撮影されたそれは異様に解像度が高く、色も微妙に人工的な鮮やかさで、しかも画面の隅々までピントが合わせられていて曖昧な部分が一切ない。通常の人の目では、これほど鮮烈に風景を捉えることなど不可能である。端的に言ってしまうなら、過覚醒状態の人間の目に映った風景なのである。

だから無意味どころか象徴性も比喩もまったく存在しない空疎な筈の画面であるのに、明らかに恐怖の萌芽《ほうが》が混ざり込んでいるのである。精神を病んだり、危機に瀕《ひん》している人物の脳内に出現している像にこれは近いのではないか。まったく何の変哲もない光景が恐怖の予兆を孕んでいる。明るく明晰《めいせき》なのに病んだ写真なのである。もし自分の周囲にいる人間がこのような写真を撮っていたら、賞賛すると同時に「こいつ、心の中はどうなっているんだ」と狼狽してしまうかもしれない。

恐怖という名に値するものなど一切見当たらなくても、たった一台のカメラによって、恐怖は立ち上がり得るのである。

慢性化する恐怖

高い場所から落下する最中に感じる恐怖ならば、その大部分は十秒を超えることすらあるまい。だが恐怖にはもっと長時間継続する種類のものもある。

たとえばアウシュヴィッツに収容された人たちにとって、毎日は不安と恐怖とに支配されたものだったに違いない。それでもしばらくすると感覚が麻痺してきたり、自分なりに期待や可能性を見つけ出したり、他者と触れあうことで心を落ち着かせることも可能になってくる。が、収容所においてそれらは所詮、焼け石に水でしかなかっただろう。

ヴィクトール・フランクル（一九〇五〜一九九七）が強制収容所の体験を書き綴った『夜と霧』には、収容所内での時間感覚について述べられた箇所がある。池田香代子による新訳（みすず書房）から引用する。

> 収容所の話に戻ろう。そこでは、たとえば一日のようなわりと小さな時間単位が、まさに無限に続くかと思われる。しかも一日は、権力をかさにきたいやがらせにびっしりと埋めつくされているのだ。ところがもう少し大きな時間単位、たとえば週となると、判で捺《お》したような日々の連続なのに、薄気味悪いほどすみやかに過ぎ去るように感じられた。わたしが、収容所の一日は一週間より長い、というと、収容所仲間は一様にうなずいてくれたものだ。ことほどさように、収容所での不気味な時間感覚は矛盾に満ちたものだった。

収容所の一日には目的も目標もない。ろくでもないことは起きる可能性が高いが、明るい見通しなんか「ほぼ」ない。無力感ばかりが幅を利かせている。びくびくしながら過ごす一日は、まさに絶望によって引き延ばされた長い長い一日なのだろう。でもそんな日々を振り返ってみれば、どの一日も大同小異である。区別なんかつかない。厚みがない。だから回顧すれば日々は圧縮されて一週間は短く感じられる。リアルタイムで対峙している恐怖は、それが瞬時であろうと長期間にわたろうとも実際よりも長く体感され、しかし後になって振り返ればその長い時間はちっぽけでわずかな時間であったと思えてしまう。そうした一種の呆気《あっけ》なさは、何だか馬鹿にされているような気すらしてしまう。わたしは神を信じているわけではないが、恐怖という体験を通じて、造物主は人間を弄びたがる性癖があるなあと憮然《ぶぜん》とせずにはいられない。

死刑囚はどうだろうか。日本の場合、死刑との判決が下っても、それがいつ執行されるかは分からない。複数の死刑囚がいても、そのうちで執行される順番が決まっているわけではない。予想がまったくつかない。ある朝、監房の扉の前で八名の係官たちの足音が止まったときに、はじめて恐怖の実体が目の前に立ちはだかる。促されて教誨室《きょうかいしつ》へ連れて行かれ、いくつかの確認事項を問われ、遺書を書いたり煙草を吸うなどの短い時間が与えられ、あとはあれよあれよと絞首刑が執行される。本日これから死刑が執行されると判明したときの恐怖も鮮烈であろうが、やはり執行当日に至るまでの重苦しい宙ぶらりんの日々こそが途方もない恐怖となるだろう。

その長くて短い期間を、死刑囚が気を紛らわせつつ少しでも恐怖を軽減できるように、懺《ざん》悔《げ》や祈りのメニューが教誨僧によって提供されたり、写経だのアートセラピー的なものが用意されるのであろう。いっぽうで、罪を悔い、十分に反省してもらわなければ司法側としては困るわけであり、またそれなりに恐怖で苦しむことだって刑のうちであろう。そのような矛盾によって、濃厚なのに奇妙に透明な日々が過ごされるのであろう。

吉村昭《よしむらあきら》（一九二七〜二〇〇六）の短篇小説「メロンと鳩」を読むと、心を許していた篤志面接委員に向かって、いよいよ執行の決まった死刑囚が「先生、長いことお世話になりました。先生のお体にひそんでいる病気は全部持ってゆかせていただきます」と言う場面があった。吉村は十分な取材のもとに書いている筈で、この死刑囚の台詞も一種の慣用句に近い形で拘置所では流布しているのかもしれない。こうした言い回しが自然に感じられるような雰囲気が死刑囚たちを覆っているのであり、それが死の恐怖を和らげてもいる。

一九五五年に封切られた新東宝の映画で『人間魚雷回天』という作品がある。監督は松《まつ》林宗恵《ばやししゅうえ》、主演は岡田英次《おかだえいじ》、フィルムはモノクロである。

太平洋戦争において海軍が考案した特攻兵器が、人間が乗り組んで敵艦に体当たりする魚雷——すなわち魚雷と合体した一人乗り潜水艦で、回天と名づけられていた。この物騒な兵器に搭乗するために選ばれた特攻隊員たちが訓練を重ね、最後には出撃していく姿を描いたのが『人間魚雷回天』で、言うまでもないがこの特攻兵器は実在した。

訓練用の回天に初めて特攻隊員のひとりが乗り込んでみたところ、内部の狭苦しさと圧迫感に鼻白むシーンがあったりして、なかなか描写の細かい戦争映画なのである。隊員たちは表面的には威勢が良いものの、内心は穏やかでない。立場としては死刑執行を待つ囚人と大差がない。お国のため、などと空元気を出すが胸中は複雑である。特攻隊員は軍隊でも特別扱いで優遇されるけれど、それがなおさら遠からぬ死を思い出させて恐怖の感情を引きずり出す。

プロローグに相当するパートで、薄暗い海の中が映し出される。海底に、沈没したまま錆《さ》びて朽ち果てている回天が見える（すなわち戦後十年目における光景である）。貝や海草に覆われた無残な船体には亀裂が入り、艦内の潜望鏡接眼部がさらけ出されている。画面がアップになると、腐食した潜望鏡の筒体の表面には小刀で文字が彫り込まれているのが分かる。

十九年十二月十二日
一五　三〇
我未ダ生存セリ

ここでタイトルや出演者などのクレジットが挟まれ、物語が始まる。そして終盤。イ号潜水艦で出撃した三名の特攻隊員たちは、敵の艦隊を発見するやいなや回天に乗り移る（人間魚雷はイ号潜水艦の甲板に括り付けられた形で戦場に出向き、イ号が敵艦を発見した時点で潜行したまま隊員が接続ハッチをくぐり抜けて乗り込み出撃する)。

こうして二名の特攻隊員たちは見事に空母および戦艦に突進してそれらを撃沈する。それこそ、花と散ったのである。

では主人公が乗り組んだ人間魚雷はどうなったのか。

潜水艦から切り離されて出撃はしたが、内部には海水が漏れ出ていた。出撃の時点で、彼の搭乗した回天には既に深刻なダメージが生じていたのである。

狭いコックピットをみるみる海水が満たしていく。回天はコントロールがつかず、たちまちのうちに海底に沈んでしまう。特攻どころではない、手も足も出ない状態ではないか。鉄の棺桶《かんおけ》も同然となった艦内で主人公は、腕を組んだまま無言で座っている。海水は胸に近いところまで浸入しており、艦の外に脱出することも無理である。水位は徐々に上がりつつある。彼を待っているのは、ただの無駄死にでしかない。

遂に主人公は携えていた小刀を取り出す。鞘《さや》を抜き取る。自決？　いや、そんなことはしない。彼は潜望鏡の筒の表面に文字を刻み始める。(昭和)十九年十二月十二日、一五(時)三〇(分)、我未ダ生存セリ、と。そのあとは？　映画はそこで終わってしまうのである。

もちろん主人公が助かるなんて逆転劇はない。そのまま海底で朽ち果て、それが冒頭の戦後十年目のシーンにつながる。

まったく救いのない映画である。しかも暗い海底で一人静かに（そしてゆっくりと）溺死である。わたしは小学校に入学する頃に、父と所沢の映画館でこの作品を観ている。封切られてすぐにでは時期的に齟齬《そご》をきたすので、二番館で観たということになろうか。幼かったわたしは青ざめた。息ができなくなった。まさに恐怖であった。いや、最後の場面だけが恐怖だったわけではない。特攻隊員たちが出撃の時点まで感じ続ける持続的恐怖にも感応させられたし、最後の場面が冒頭につながることによって、この一本の映画そのものが具体的な恐怖としてわたしを圧倒してきた。まさにトラウマ映画である。父は、これを年少の息子に見せることに躊躇しなかったのだろうかと不思議に思わずにはいられない。確認のためにDVDを入手し、さきほどほぼ六十年ぶりに映画を再見したが、やはり恐ろしさで呼吸困難に陥りかけた。特撮など今の目からすれば幼稚で安っぽいけれど、粒子の粗いモノクロ画面ということもあり、恐怖はそのままDVDに完璧な形で封じ込められていたのであった。

二重の恐怖（1）

太平洋戦争で大日本帝国海軍が考案した（愚かな）特攻兵器には、回天以外にもたとえば震洋《しんよう》があった。震洋はベニヤ板製のモーターボートで、これに爆雷を積んで敵艦に突っ込む。冗談みたいな兵器である。その震洋特攻隊の隊長であったのが作家の島尾敏雄《しまおとしお》（一九一七〜一九八六）であったことは、広く知られている。

島尾は特攻隊の駐屯していた奄美《あまみ》群島加計呂麻島《かけろまじま》の娘ミホ（一九一九〜二〇〇七）と結ばれ、戦後になって夫婦となるが、ミホが島尾の浮気によって精神を患い（そのあたりの複雑な経緯は、梯久美子『狂うひと』新潮文庫に詳しい）、『死の棘』をはじめとする一連の病妻ものの小説として結実した。

心を病み、精神が不安定になった妻に翻弄されつつ罪悪感に苦しむといった構図の作品は短篇でもいくつも書かれ、そのひとつに「捜妻記」がある（『島尾敏雄全集6』所収、晶文社）。

この作品に触発され、またしても個人的なことを述べさせてほしい。学生時代にひどい不安感に苦しめられていた。それは試験がどうしたとか、恋愛がどうしたといった類の悩みではない。さながら警戒を促す不吉なサイレンが延々と鳴り続けているかのような持続的かつ切迫した不安で、そもそもの発端は、中学生時代にある。当時の母は毎晩のようにブロバリン（睡眠薬。飲み過ぎると死亡する）とアルコールをいっぺんに飲んで酩酊《めいてい》しており（そのような行為に耽溺《たんでき》するには相応の異様な理由があったが、それを知ったのはもっと後になってのことであった）、心肺停止寸前になったことすら何度かある。医師であった父が彼女を蘇生《そせい》している場面も複数回目にした。そのせいで、ある日いきなり母が死ぬといった場面が容易かつリアルに想像され、それは悲しみよりも葬式だとか火葬、納骨など俗世間の因習的なものに対する嫌悪感や拒否感となってわたしを圧迫した。母が死ぬという事実もさることながら、世の中に存在しているどこか土俗的な気配すら垣間見られる「葬儀」という旧習に母もわたしも呑み込まれるであろうという生々しい気配のほうが、不快感を伴った恐怖として黒々とまとわりついてきたのだ。

そうした恐怖と不安の中間的なものが、思春期の精神的不安定さと相俟《あいま》って、異様な重圧としてわたしを押し包んでいた。それは今現在（つまり母が実際に亡くなった後）も連綿と続いているが、あの頃よりはずっと軽減している。

そんな不安感だか恐怖感だかのアマルガムに自分はどう対抗すればいいのか。悶々としているうちに、まずは自分の気持ちや感情をきちんと言語化して向き合うことを目指せば、事態を客観視して冷静に対処する術も生まれるのではないかと思いついた。だが当時のわたしはボキャブラリーが乏しかったし表現の技法もろくに知らない。それなりに本は読んでいたものの、漫然と読んでいただけである。

そこで技術的に参考となりそうな言い回しや表現を探してはノートに書き写すことを始めた。自分なりの、切羽詰まった上でのきわめてプラグマチックな勉強である。なるほど、こんなふうに書けば文章に定着できるんだな、といった調子で文章の断片をノートへ書き留めていった。数年前、引っ越しの際にそのノートが出てきて、ぱらぱらとめくってみたら、最もたくさんの文章を引き写していた作家は島尾敏雄であった。不安感や恐怖心に対する平易で的確な描写力は、彼のものが図抜けていた。そうした意味で深い共感を覚える小説家だったのである。

そんな経緯の中で出会った短篇が「捜妻記」だった。

二重の恐怖（2）

「捜妻記」の内容を紹介しよう。

主人公の「私」は、職探しが上手くいかない。その日も女子大の文芸科の講師に納まる当てが外れてしまった。気落ちしつつ妻と「私」は女子大を後にして、郊外電車の駅へ徒歩で向かう。いつ妻が正気を失い異常な言動を示すだろうかと恐れつつ、妻と一緒の時間を慈しみたいと願って「私」は歩いていく。途中の些細なエピソードの数々が不安を反映した心象風景として効果を上げる。

電車に乗ってN市へ戻ったときは、既に夕方近くになっている。そこは「山がせまり、町なかを流れる川は川床が深く山峡《やまかい》の温泉町を思わせないでもない」。妻の精神が不調のようなので、「私」は彼女を背負いながら道を歩いていく。途中で何かの催し物の帰りらしき集団とすれ違ったり、過去の思い出が「私」の頭の中を去来していく。ふと気がつくと、背負っていた筈の妻が消え失せているのだ。「両腕をうしろにまわして輪をこしらえしっかりつかまえていたのに、腕の恰好《かっこう》はそのままで、妻はもぬけのからだ」。背負っていた筈の人間がいつしか消えているというのはなかなかコワイ。「私」はあわてて道を引き返す。後悔と不安とで「私」は涙すら滲《にじ》ませる。さながら母親とはぐれてしまった子どものように。

結局、妻は見つからない。再び踵《きびす》を返し、「私」は最初に目指していた方向へもう一度歩き出す。そうすれば解決につながるといった見込みがあったわけではないが、もはやそんな行動しか(そのときには)思い浮かばなかったのだ。周囲に人の気配はなくなり、「すでに家並みは切れ、見まわしたところ山奥にまぎれこんだ錯覚を起こすが、実際に町をぬけ出たわけではな」い。そのように人里を離れた場所(非日常)と町のなか(日常)との境目のような場所であることが、全体のトーンを奇妙なものへと変えていく。

川があり、石橋が架かっている。それを通り過ぎると道は上り坂になっている。そこへ差し掛かると急に不安感が高まり、「私」は今来た道を駆け戻りたい衝動に駆られる。やはり妻は自分の後方にいるに違いない、と。続く場面を引用しよう。

……どんなときもかけ出すのは見ぐるしいから、ぐっとこらえ、深い呼吸をしてわざと動作をゆっくりさせると、ついあたりに目を配ることになり、来るとき気づかなかったものが目にはいってきた。その橋はつまり眼鏡橋だがいつも見ていたその橋げたの石に見なれない模様がついている。ふだん通っていて、そんな模様についぞ気がつかなかった。なんだかへんな気持になり注意してよく見ると、床組や主梁、主構などのどの石にも刻みつけられている。まさか近ごろ施されたとも思えず、まえからあったのだろうが、どうして今まで気づかなかったか。それがどれを見ても、あの奇体な目の渦の図柄を組みあわせた饕餮文ではないか。複雑なその文様はわずらわしいはずなのに、肉太な荒々しさもあって、思わずそれに私はひきこまれた。こんなにすばらしいものが、この町にあって、そしてずっと今まで気づかなかったとは。

いきなり中国の殷《いん》や周《しゅう》の時代の呪術的な獣面文様――すなわち饕餮文《とうてつもん》が眼鏡橋の表面に刻み込まれているのを発見してしまうのである。そんなことがあり得るものなのか。神話的な世界と現代とが混ざり合ってしまったかのような異常さを感じさせるではないか。現像液に浸された印画紙の表面に画像がありありと浮かび出てくるように、「私」の目の前に古代の奇怪な文様がくっきりと出現してくるところが不気味だ。

たまたまカメラを携えていた「私」は、文様を撮影しようと写真機のファインダーを覗き込む。なにしろこれはちょっとした文化的発見なのだから。位置を選ぼうと移動を試みた瞬間、「私」は足を踏み外す。うっかり崖から転落しそうになったのだ。転落したら、死んでしまった可能性も高い。一瞬の油断が死を招きかねなかったのだ。

……胸の動悸《どうき》とからだのふるえがとまらないので、しばらくのあいだ崖下に広がる川原の、草が生えゆるやかに傾斜した土手のところを、うつぶせになったまま見ていた。するとそこにもふだん気づかなかったものがあるではないか。カエルやウサギの石像がむぞうさにころがっていたのだ。いったい、これはどういうことだ。住みなれて知らぬところとてないと思っていたこの小さな町が、まるでちがった見知らぬ場所に見えてきたとは。未知のためのおそれもあったが、しかし私は気持の中に或《あ》る張合いが生まれたことを知った。おそろしい裂目が目のまえに来たのに私はその中には落ちこまずにすんだ。そのときどんな力がはたらいたか知らないが、その瞬間をとびこしたこちらがわは、そのまえの状態と何もかわったようではない。まえのままですべてつながった。

危うく死にかけたものの、そのことで世界が変容するかと思ったら、そうでもなさそうだ。と安堵してみたものの、饕餮文に加えて今度はカエルやウサギの石像の出現である。しかも「私」はそんな不思議な事態をむしろ好ましいこととして受け入れている気配なのだ。「気持の中に或る張合いが生まれた」と。

どうやら「私」の中の歯車のほうが切り替わってしまったらしい。だから起き上がりつつ「私」は、妻がおそらく、二人でしばしば訪れる郷土料理の店に行っているのではないかと思いつく。なあんだ、とんだ取り越し苦労だったじゃないか。大学からの帰途で、彼女とその店に関する会話を交わしていたのを思い出したのだ。じゃあ早速その郷土料理店へ行くことにしようじゃないか。

……起きあがりながらちらと視線が向いた川の中に、子どもらの糜爛屍体《びらんしたい》がうつむきになってぷくぷく浮いているのが見えた。へんなことだが、どんな感情も意思も起きなかった。ふと元気な子どもらとからだをぶつけ合い、つかみ合って遊びたいと思った。この饕餮文や石像をつくった昔の失名作者たちは衰弱していないエネルギーをもっていたのだから、子どもらの糜爛屍体を彫りあげることもできたにちがいない。これらの造型物の究明を私のこれからの仕事にしてもいい。なんだかまるでちがって見えはじめたこの町のかたちが、私の生をつきあげるふうだ。

ここで「私」は不安や恐怖から離脱する。いや、したような気持ちになる。だが、本当に妻は郷土料理屋にいるのか、糜爛した子どもらの屍体はやはり石像なのか。饕餮文の文様は現実なのか。そんな疑惑を残しつつも「私」が店に足を向けて歩き始めるところで物語は終わる。

妻が精神を病んだり失踪してしまうことに対する激しい恐怖がもたらした過覚醒が、眼鏡橋の表面に刻まれた呪術的な獣面文様や石像を出現させてしまったのだろうか。時間の流れは滞り、その途中で死との接点までをも「私」は体験してしまう。だがそんなことよりもわたしがもっと恐ろしく思うのは、今までとは日常が異なる相貌を示すようになったことを「私」が無邪気に歓迎している様子であることだ。いやそれどころか「これらの造型物の究明を私のこれからの仕事にしてもいい」と、救済すらそこに見出しているところだ。それは偽りの救いじゃないか。そんな着想に人生を委ねてはいけない！　ますます現実離れをして不幸に潜り込んでいってしまうではないか。それはむしろ罠と考えるべきだぞ。この時点で、二重の恐怖をわたしは感じずにはいられない。

この作品の中で「私」が狂気に陥っているとまではわたしは思わない。ただし精神科医の経験で言えば、しばしば心を病んだ人たちは、とんでもなく見当外れだったり馬鹿げたところに救済を見出してひと息吐《つ》こうとしているケースが多い。そのため、なおさら不幸に沈んでいく。そうした構図と重なってくるところに、当方の胸のざわめきがあるのだ。

偽りの救済

映画にせよ小説にせよ、ホラー作品では「助かったと思ったらそれは錯覚でしかなかった」という展開が常套《じょうとう》手段となっている。それこそがまさにわたしたちに無力感を痛感させるテクニックだからだ。

たとえばゾンビ映画で『ドーン・オブ・ザ・デッド』（ザック・スナイダー監督、二〇〇四）という作品がある。走るゾンビが描かれた映画として有名だが、ラストが絶望的なのである。

今や国民すべてがゾンビと化してしまったアメリカ本土を、登場人物たちは命からがらボートで逃げ出す。脱出しなければ、ゾンビに襲われて自分たちもゾンビと化してしまうのは必至だからだ。もはや逃げ道は海しかなかった。

脱出は成功した。危ういところであった。とりあえずこれで一安心だ。ボートにはビデオカメラがあり、彼らは逃げおおせた安堵感から上機嫌になり、そのビデオでお互いを映したり風景を撮影する。まるでバカンスの最中のように。そうした素人の手になるビデオ画面の断片が、映画の最後のエンドロールと交互に映し出される。やがて緑に覆われた島が見つかり、登場人物たち（の生き残り）は早速上陸しようとする。ここならきっと水も食料もあるだろう。わたしたち「生ける者」たちの新天地になるだろう、と。

だが既にそこもゾンビたちで溢れかえっていた。逃げてきた本土とまったく同じ状況だった。野生の木々のあいだから、群れを成してゾンビたちが襲い掛かってくる。振り出しに戻ったも同然だ。しかも今度こそ対抗手段はないし、逃げ場はない。どこにもない。そのような悪夢そのものの光景が、手持ちでぶれる画面に映し取られたまま映画はぷっつりと終わる。スクリーンは真っ暗になる。音も途絶える。いわゆるバッド・エンドで、これはなかなか精神にボディー・ブロウを与えてくる。

純文学からゾンビ映画に至るまで、偽りの救済という形の絶望はいくらでも見つかる。いや、現実にわたしたちの生活にもそのような絶望は何度も登場する。そんなものに翻弄されつつ営まれる人生は、実際のところ、慢性的恐怖の支配下にあるも同然ではないか。

ここで偽りの救済のバリエーションをひとつ披露しておこう。

学生時代に、多くの学生が体験するようなアルバイト（ハンバーガー屋で働くとか、皿洗いをするとか、交通量の調査をするとか、工場のラインに立つとか）をわたしは一切したことがなかった。裕福だったからというわけではない。医学生は実習や研修で結構忙しいのである。でも一度だけ、知人の代理でバイトに赴いたことがある。

それは大学受験の模擬試験を監督する仕事だった。試験問題の配付と回収、あとは試験中に不正やトラブルがないか見張るだけの楽な作業で、その割にはバイト代が良かったことを憶えている。貰ったお金の一部で帰宅途中にレコード店でサイケデリック・ロックバンドのアイアン・バタフライ『スコーチング・ビューティー（邦題：燃えろ鉄蝶）』というLPを購入したことまで記憶に残っている。

試験中に会場内を巡回していると、驚いたことにカンニングをしている学生がいた。ふやけたような白い肌をした小太り短髪の青年で、黒い太縁の眼鏡を掛けていた。そんな彼が左手に小さな紙片を隠し持っており、そこにはものすごく細かな字でびっしりと何やら書き込んである。それをこそこそ見ては解答用紙を埋めている。本人は隠しているつもりでも、斜め後ろに立って見下ろすと一目瞭然なのだ。挙動が、コントさながらに、まさに悪いことをしていますと映るのが情けない。

不正行為はその場で摘発するように予《あらかじ》め言われていた。カンニングペーパーを手にしていたし、これは完全に現行犯である。

だがわたしは彼を捕まえなかった。腹も立たなかった。半分呆れ、半分哀れんでいた。これが本番の試験だったら話は別である。いったい模擬試験でカンニングをするというのはどういうことなのだろう。たとえ好成績を収めたとしても、まったく意味がないではないか。模擬試験は自分の実力を客観的に把握するための手段であろう。さもなければ試験の雰囲気に慣れ、度胸をつけるための。そうした効用を捨て、偽りの好成績を挙げて自分を騙《だま》すなんてどうかしている。そんな頓珍漢《とんちんかん》な人物なんぞ、相手にするだけ時間の無駄である。

というわけでわたしは彼の横を、わざとらしく咳《せき》をしてみせながら通り過ぎるだけに留《とど》めた。しばらくして彼のほうに顔を向けたら、心配そうにこちらを盗み見ている。その瞬間、チョークでも思い切り投げつけてやりたくなったのだった。

今になって思うと、彼はたとえ模擬試験であろうと悪い点数に耐えられない人だったのだろう。本質を見失い、とにかく模擬だろうが本番だろうが点数が低いのはもはや恐怖に値する出来事だったのであろう。模擬試験で自分を欺き、それでプライドを保ち安心感を覚えられると信じていたのだろう。彼はただの愚か者であるけれど、それはそれとして、彼の振る舞いは無力感に苛まれないための必死の行為、いやマジナイにすら近い行為だったのかもしれない。まあそれでどうにか模試をクリアしたとしても、本番では落胆しか待っていないだろう。そう、贋《にせ》の安心と本物のバッド・エンドの組み合わせであり、言い換えれば自作自演による「偽りの救済」ではあるまいか。

そのように考えるとげんなりした気持ちになってくる。世の中には偽りの救済とセットになった恐怖が蔓延《まんえん》している。そのように実感したときに、あのカンニングの件がなぜか急に思い出されてきたのであった。

第四章　娯楽としての恐怖

なぜ恐怖は娯楽となり得るのか

恐怖は苦痛の一種と見なせる筈だ。本来は避けて通りたい体験であり、恐怖に囚われている人には同情したくなる。それなのに、文学や映画においてホラーやホラー風味の作品は需要が多い。蠟燭の炎やキャンプファイアーを囲みながら怪談を語り合うのは楽しい。お化け屋敷はいつの世も人気が高い。

なぜ恐怖は娯楽となり得るのか――この設問には、言葉のトリックが隠されている。娯楽として提供される恐怖は、もはや恐怖そのものではないからだ。恐怖の抜け殻、恐怖の「まがいもの」、恐怖におけるカニカマみたいなものである。わたしたちは苦痛を味わいたいわけではない。

では何に興味があるのか？

恐怖にはしばしば「極限を超えた事象がもたらす感覚」といった含みがある。恐怖を導き出すストーリーには、往々にして怒りや悲しみや失意が極限に達し、それが物質レベルの法則性を超越して怪異現象や呪いなどに結実するといった図式がある。ときには不条理そのものが強調されるが（途方もないサイコパスとか宇宙怪物、恐るべき偶然やシンクロニシティ、道理に外れた悪意、それどころか正体不明としか呼びようのないものなど）、それもまた認識や理解の極限を超えているといった点で大差はない。

わたしたちは極限だとか臨界、行き着く果てやタブーの向こう、究極や無限といったものが気に掛かる。恐れるとともに、気に掛かる。結局どうなっているのか、もっともっとエスカレートさせたらどうなるのか、とにかくそれを知りたい。命懸けの探検や冒険、危険な実験やトライアル、そしてきわめて多くの愚行が、最終的にはそこに動機を立脚させている。そう、極限にはわたしたちを「狂わせる」要素がまぎれもなくあり、おそらく娯楽としての恐怖はそのような狂いに通底した眩暈《めまい》の感覚が内在している。

人体の内側がどのようになっているのか確認したかったからと知人を殺害し、腹を切り開いた女子高生がいたと記憶している。どう考えても良識から甚だしく逸脱しているが、一般の人にとってなるほど身体の内部は手の届かない領域である。そこには湿った闇がある。そこに極限性を感じ、アクセスの欲望に抗《あらが》えなかったのだと想像してみれば、どことなく彼女の猟奇的行動にも納得のいく部分が見えてくる。

昭和八年、伊豆大島の活火山・三原山の火口への投身自殺が異常なブームとなった。同年一年間で、未遂を含み火口へ身を投げようとした者が九百数十名に達したというのは尋常ではない。この事件には世相（エログロナンセンスな時代）や契機となる女学生投身自殺事件などが背景にあるものの、マスコミが煽った部分も大きかった。

最も積極的に報道をしていたのは讀賣新聞で、同社は同年五月二十九日に大掛かりなプロジェクトを実施した。火口の縁《ふち》にクレーンを据え、そこから人の乗ったゴンドラを垂直に下ろす。活火山なのだから、これは相当に危険だろう。当時の文部大臣であった鳩山一郎《はとやまいちろう》は、「火口底部に横たはる幾多の亡骸《なきがら》の惨状などを写真や記事に写し出して広く報道することが出来れば、『神秘の死』を信じて自殺病にとりつかれてゐる青年子女の妄想を打破矯正する結果を生む」と述べている。このプロジェクトは成功し、紡錘形《ぼうすいけい》をしたゴンドラは千二百五十尺（約三七五メートル）まで火口を降下した。世界記録である。このときの降下体験を讀賣記者が手記として新聞に連載しているが、その見出しには「危機迫る静寂!! 遥か下にアッ地獄」「猛煙快く晴れて お、見た！死体」「遂に前人未踏の火口底に身をおく 死体を僅か廿尺先に」「死体がある〳〵 しかも半裸の女」といった具合にえげつない。しかしここには、確かに「この世」の極限を確認したいという欲望が如実に反映しているだろう。そうした点では、やはり娯楽としての恐怖の文脈に沿っているのではないか。

世界一黒い塗料としてギネス認定されているのはイギリスのベンタブラックという光学機器用の塗料で、可視光線吸収率が九十九・九六五%という。ブラックホールの吸収率が百%であることを考えると、困惑した気分にさせられる。本当にそんなものがあるのかよ、と。本邦では光陽オリエントジャパンが製造している真・黒色無双という水性アクリル塗料が吸収率九十九・四%で、しかもアマゾンで購入できる。デモンストレーションの動画を見ると、たんに黒いペイントが塗られているとは到底思えない。まったくの影ないし欠落としか認識できない。正直なところ、恐怖に近いものを感じたのであるが、この感覚もまた極限に近いものが家に居たまま容易に購入可能といったギャップに由来するところが大きい。

そういえば評論家・写真家の中平卓馬《なかひらたくま》(一九三八～二〇一五)は先鋭的な芸術論とその実践で知られていたが、一九七七年に急性アルコール中毒で倒れる。不明となった意識は取り戻したが記憶と言語能力に深刻かつ不可逆な障害が生じ、評論活動は不可能となるも写真家としての活動は継続させた。

が、写真の作風は一変した(脳に障害をきたして人柄が変わり、作風も一変すること自体、わたしにはホラーだ)。もはや理屈だの主義主張は失せ、道ばたに置かれたスクーターだの植物、岩、看板、小動物、眠っているホームレスなど何の変哲もない存在を無心に、鮮やかなカラーで撮影するようになった。それは脳の損傷ゆえに前景化した無防備かつ天真爛漫《てんしんらんまん》な精神のありようが印画紙に反映しているかに感じられ、ある評論家の言葉を借りれば「赤ん坊が初めて見る世界」のようだということになる。

中平が二〇〇九年に撮影した作品を写真集で見た。いや展覧会でオリジナルプリントを見て、ついでに即売されていた写真集を購入したのであった。さて肝心の写真なのだが、風雨に曝《さら》され苔《こけ》も生えた庚申塚《こうしんづか》みたいな石が直立している。白昼、町の中でそんな石というか岩に出会ってレンズを向けたといったところか。その石には丸い穴が水平に貫通しており、もしかするとここに鉄の棒を押し込んで欄干の一部としていたのかもしれない。さてその穴は闇を詰め込んだかのように真っ黒く映っているが、その黒さが異様に黒い。異界への入り口と言われても通用しそうな違和感を発散している。そんなものが唐突に出現しているわけだから、「赤ん坊が初めて見る世界」もなかなか油断がならないなと思いつつ目を凝らしたら、黒い部分のエッジがはっきりし過ぎている。どうやら暗室でプリントを焼き付ける際に、穴の周囲を紙などで覆って作り出したニセモノの闇のようなのだ。

だからアンフェアであるとか、そう主張したいのではない。恐怖ではなく恐怖の「まがいもの」のほうがより心の奥に訴える場合があるんだよなあと感慨を覚えただけである。

娯楽における恐怖は、それを味わう者は安全地帯にいる。だから苦痛を受けない。抜け殻の、フェイクの恐怖だ。だが、だからこそ極限という要素をより純粋に表現し得る場合もあるのではないか。わたしたちには極限を確認したり見届けたり実感したりしたい欲望がある。その欲望は恐怖と馴染みやすいどころか、むしろ捏造《ねつぞう》された恐怖にこそ高い親和性を示すと思われるのである。

本章ではそのような「娯楽としての恐怖」、あるいは恐怖の捏造といった観点から論を進めてみたい。なお、取り上げるホラー作品のほとんどは、いわゆるネタバレせざるを得ない。作品名が出た時点で、結末を知りたくないなら次のチャプターまでワープしていただきたい。

肉塊の組成

恐怖を与えるために、単なる残酷描写を提示しただけでは作品として認めがたい。それはただの悪趣味でしかないだろう。

イギリスの作家ジョン・バーデットの長篇小説に『最後の600万秒』と題されたものがある（高野裕美子訳、早川書房）。発表は一九九七年。この年の六月三十日はイギリスが香港を中国に返還する期限であったが、それまでの残り時間（六〇〇万秒）に起きた残忍な大量殺人事件の一部始終を語り、それに絡む三合会（黒社会）や政治情勢を濃厚に描いた警察小説である。その「残忍な」殺人事件というのが、まことにエグい。

「まずは殺人事件について説明してくれないか、ロニー。すべてはそれに端を発している、という気がするな」

ツァイは咳払いをして、ちょっとためらってから話しだした。

「センセーショナルな事件ではありますが、マスコミによって誇張されている部分のほうが大きいかと思います。新聞でお読みになったでしょう？　世間では〝ミンチ殺人事件〟と呼んでいます。旺角《モンコック》の倉庫で大型の金属トレイに入れられた腐りかけた人肉が発見され、鑑識の結果、それは三体の人体のものであることが判明しました。死体は業務用の肉挽き機《ミンサー》にかけられ、まったく識別不可能でした。その後の検査で、三人の犠牲者は生きているうちにミンサーにかけられたことがわかっています」

カスバートはぎょっとしたように頭を上げ、眉を釣り上げた。「そんなことがわかるものなのか？」

「神経の末端と血液の構成を調べればわかるのだそうです。肉体に極度の苦痛が加えられると、神経はその持ち主同様、文字どおり恐怖に縮みあがって、ある種の化学物質が血液中に分泌されます。ミンサーにはかなりの肉塊が残っていましたので、ひととおりの科学捜査を行なうことが可能でした。トレイに残ったミンチ状態の肉を調べたところ、恐怖のために神経組織は収縮し、血液の分析結果からも、犠牲者が生きたまま機械にかけられたことが裏づけられています」

これほどに残酷な挙に及ぶ犯人たちなのである、というところを強調しておかないとストーリーが生彩を帯びないのは確かである。が、やはり悪趣味ではあるだろう。個人的にはこのくらい描き込んでくれたほうが好みではあるものの、拒否反応を示す読者もいるだろう。そしてこの部分は恐怖を立ち上がらせるのかグロテスクなだけなのか、それとも単なるリアルなのか判別し難い。が、少なくとも作者が描写に「手加減しないぜ」といった姿勢を保持しているらしいことは窺えそうだ。

犠牲者に共感したわたしたちが恐怖を覚えるとしたら、それは肉挽き機ではなく殺人者に対して感じるべきものだろう。では人間や動物以外の何か（モンスターや宇宙人など）が惨劇を引き起こしたとするなら、その「何か」を丹念に描写すれば恐怖の全体像を捉えたことになるのか。そうはいかない。モンスターや宇宙人の類は、往々にして陳腐に思われてしまいかねない。よほど工夫をしなければ、テレビ放映されていたウルトラマン・シリーズに登場するチープな宇宙怪物たちと大差がなくなってしまう。そこをクリアするために、恐るべき「何か」はあえて目の前には登場させず、間接的に仄めかすだけにとどめる方法はあるだろう。だがそれではどこかアンフェアな感じを与えてしまいかねない。恐怖の根源にも迫れず、扇情的な作品でしかなくなってしまいそうだ。

南極点の怪物

恐怖小説のジャンルに属す一篇として、「アムンゼンの天幕」という短篇がある。作者はジョン・マーティン・リーイ（一八八六〜一九六七）。経歴のはっきりしないアメリカ作家で、作品数も少ない。そんな彼が怪奇・恐怖小説作家の晴れ舞台であるパルプマガジン『ウィアード・テールズ』の一九二八年一月号に発表したのがこの作品である。翻訳は小尾芙佐《おびふさ》、ハヤカワ文庫から刊行されたアンソロジー『幻想と怪奇I』（二〇〇五）に収録されている（同書以来この作品をアンソロジーで見掛けることは絶えていたが、二〇二二年に紀田順一郎、荒俣宏を監修者に据えた新紀元社の『新編　怪奇幻想の文学1　怪物』で森沢くみ子による新訳が登場したことを付記しておく）。

物語は、南極の極点近くに張られていたテント内に残されていた日記の記述が大部分を占める。時代設定は一九一三年あたりだろうか。ノルウェー出身のアムンゼンが初の南極点到達という偉業を成し遂げたのが一九一一年十二月十四日、イギリスのスコットたち五名が到達したのが五週後の一二年一月十七日（帰路で彼らは遭難して全滅）。いっぽう小説が書かれたのは一九二七年と考えられ、その頃でもまだ南極は謎に満ちた得体の知れぬ場所と認識されていたことをここで確認しておきたい。

アムンゼン隊、スコット隊の後、史上三番目に南極点へ辿り着いたロバート（ボブ）、サザランド、トラバースら三名の探検隊（これは作者による架空の人々）もまた全滅してしまったのだけれど、どうやら彼らは人知を超えた途方もない生き物に襲われたらしい。というのも、全滅した後に彼らのテントは南緯八十七度三十分の位置で発見されたものの、そのテントの中には嚙み千切られたような断面の人間の生首がひとつ転がっており（南極だから、腐敗せず新鮮なままだ）、またロバートが鉛筆で走り書きし奇怪な手記（日記）が残されていたからだった。生首はおそらくロバートのものと思われ、他の二人の遺体は発見されなかった。いったい南極点の近くでいかなる惨事が起こったのか？

小説の大部分は、その手記を転載したものとなっている。いわゆる犠牲者が書き残した手記というやつである。まことに古典的なスタイルの作品だ。

ロバートたちは、アムンゼンが残していったテントを極点近くで発見し（ロープにはノルウェーの国旗が結びつけてあった）、一番乗りになれなかったことに落胆しつつもそのテントに近づいていく。静寂が周囲を支配しているものの、なぜか犬たちが怯え、あたりの空気も何となく変だ。テントはそれが張られてから一年以上が経過しているようで（当時はまだ無線通信も交通手段も未発達で、一年前にアムンゼンが南極点到達に成功したことをロバートらは知りようがなかった)、入口は外から紐《ひも》で括られている。したがって内部に生きている者がいる筈がない。

異様なのは、テント全体が妙に膨らんでいることだった。空気で膨らんでいるわけではない。トラバース(隊長)は言う。「これは何を意味しうるか? 何がテントをあんなふうにふくらますことができるか? さあ、われわれの前に謎がある。われわれのなすべきことは、入口の紐をほどいて中をのぞき謎を解くことだ」

そこでサザランドがテントの内部を覗き込んだ。覗き込みはしたが、彼は沈黙したまま微動だにせず突っ立っている。

「何がある?」とトラバースがしびれをきらしてどなった。「何が見える?」

彼の答えは絶叫だった——その声の物凄さを私は決して忘れることはできない——サザランドはよろよろっと後じさりをしたが、われわれがとびかかって支えなかったら、きっと倒れてしまっただろう。

「どうした?」とトラバースがどなった。「いったい何を見たんだ、サザランド」

サザランドは手でこめかみをたたいた。その顔には狂暴な色が浮かんでいた。

「どうした?」と私もどなった。「何を見たんだ?」

「言えない――言えないんだ！　おお、おお、あんなものを見なければよかった！　君たち！　君たちはあの中をのぞいてはいかん――のぞけば、気を狂わせてくれというようなものだ、いやそれよりひどい」

それを目にしたら気が狂うようなものって、なんだよ。そもそも、それほどに不穏で禍々しいものなんてあり得るのか。どうしてもサザランドが何を見たかを言わないので、業を煮やしたトラバースは自らテントの中を覗き込んだ。必死で阻止しようとするサザランドを押しのけて。

……私はふりかえった。トラバースがよろよろと入口からはなれた、片手が顔をおおい、世にも恐ろしいうめきが喉の奥からほとばしっていた。サザランドはよろけてくる彼に手をのばし、その肩に軽く触れた。と、その効果はてきめんだった。トラバースはおぞましい蛇が襲いかかったかのようにとびのくと何度も悲鳴をあげた。

「おい、おい」とサザランドがやさしく言った。「見るなと言ったのに。わかってもらいたかったのに、だが――だが君は私が気が狂ったと思った」

「あれはこの地球のものじゃない！」とトラバースはうめいた。

「そうだ」とサザランドは言った。「あの恐ろしさは、われわれの惑星上で生み出されるものではない。地球の住民は、知らずにいるが、そのことを全能の神に感謝すべきだ」

「だけどここにいるんだ！」とトラバースは叫んだ。「どうやってこんな恐ろしいところへやってきたのだ？　そしてどこから来たのだ？」

サザランドの次に、トラバースもこの調子である。もはやコントでも観ているような気分になってくる。だからテントの中にいたのは何だったんだよ！

「あそこで何を見た？」と私は問い詰めた。

「ボブ――ボブ」とサザランドは言った、「どうかそれだけは訊かないでくれ」

「どんな怪物だって」と私は訊きかえした、「悪夢のような想像をしているよりはましだ」

だが二人は私の前に立ちはだかって行く手をはばんだ。

「だめだ！」とサザランドは断固と言った。「あのテントをのぞいてはいけない、ボブ。あれを見てはいけない――あれを――何と呼ぶべきかわからないが。おれたちを信じてくれ。おれたちにまかしてくれ、ボブ！　見てはいけないというのは君のためなのだ。われわれは、トラバースとおれはもう二度とふたたび同じ人間には立ち戻れないのだ――おれたちの頭も魂も、あれを見る前のものには戻れないのだ」

ここまで言われたら、なおさら見たくなるではないか。「それじゃあ諦めよう」なんて思う者がいるものか。ましてやボブだって南極探検に命懸けで参加するだけの度胸の持ち主なのだ。

だがサザランドは言い募るのである。「ばかを言うな、ボブ。人間が決して知ってはならぬものがあるのだ、人間が決して見てはならぬものがあるのだ、アムンゼンのテントの中にあるあの恐ろしい生き物がそうなのだ——その両方だ！」と。

読者としては、作者がそこまで大風呂敷を広げたとなると、おそらくテントの中の怪物がいかなるものであるかを描写するのは回避するに違いない——そんなふうに見当をつけることだろう。「絶世の美女」なら描写は可能かもしれないが、「人間が決して知ってはならぬ・見てはならぬ怪物」を具体的に描写できる作家などいるまい。テントの中には、実は大きな鏡が立ててあっただけでした——つまり最も恐ろしいのはわたしたち人間そのものなのです的な小賢《こざか》しい工夫をしても、(少なくとも)恐怖小説のファンはそれを許さない。

結局、「私」は覗くことを断念する。そうでなければストーリーが進行しない。二人の様子から推察すると、とにかく大至急ここから退却したほうがよさそうだ。去る前にトラバースは、テントの入口の隙間からライフルの銃身を突っ込んで乱射した。すると、「血管と心臓の血が凍りつくかと思われた、テントから物音が――低いどくどくという音――この地球上ではかつて聞いたことのないような――人間が二度と聞かないですむようにと祈りたいような音――が洩れてきた」

三人は即座に犬たちと一緒に逃げ出す。振り向くと、テントがはげしく揺れ動き、のたうっているではないか。彼らは恐慌状態で逃げ惑う。あの怪物が敵意を剝き出しにして追ってくるのではないのか、襲ってくるのではないのか。その恐怖に突き動かされて、ひたすら逃げる。茫漠《ぼうばく》と広がる雪と氷の大陸には、隠れる場所などない。

いつまでも走り続けてはいられない。休息し睡眠を取るためには、テントを設営しなければならない。そしてどうやら怪物は追いつきつつあるらしい。いや、追いついてはいるが姿を見せないままじっくりと探検隊を観察しているらしいのである。犬が二匹、忽然《こつぜん》と消え失せた。逃走の五日目にはトラバースが消えた。声も上げず、何の痕跡もなく。八日目にはサザランドが消えた。「私」はもはや今が逃走開始から十日目か十一日目かも分からないままテントの中で震えている。「低いどくどくという音」が聞こえてくるものの、外を窺うだけの勇気は起きない。「私」は恐怖と絶望に囚われたまま、もはやすべてを諦めている。

手記の最後の部分は、乱れた文字で、

静寂。声——人声が聞こえたような気がする。だがまたあの音。だんだん近づいてくる。

いま入口に——いま——

これでおしまいである。

ロバートは「人間が決して知ってはならぬ・見てはならぬ怪物」に襲われて首を食い千切られ、胴体は食べられてしまったのだろう。冒頭の無惨な光景につながったところで終了するこの物語は、まさに予想通りの展開であった。怪物の正体どころか外見すら描写されないことも含めて、読者の想像力を凌駕する箇所はひとつもない。意表を衝《つ》く場面もない。いったい「アムンゼンの天幕」を読んで背筋を凍らせた者なんているのだろうか。

愚作の条件は揃っている。凡作の要件は整っている。ならばこの作品は無価値でありゴミ同然なのか。

そんなことはない。少なくともわたしは本作が大好きだ。この作品のタイプ原稿（作者による書き込みがはいっていればなおさら嬉しい）がオークションに出されたとしたら、十万円以内なら躊躇せずに買う。最初の頁は額装して自分の部屋に飾るだろう。そのくらい好きだ。

ではどのようなところを当方は好ましく感じるのか。

フレンドリーな恐怖

まず、恐怖小説の読者は本当に恐怖を体験したいと望んでいるのか、そこに疑問がある。本物の恐怖なんて、精神衛生上よろしくない。トラウマになったりPTSDを引き起こすかもしれない。マゾヒストにおける「痛みや羞恥がもたらす屈折した快感」などとは種類が違うのではないか。希求しているのはあくまでも恐怖に似たもの、いわば「恐怖もどき」であろう。たんに中華料理といっても蝙蝠《こうもり》だの土竜《もぐら》までをも食材にしてしまうようなハードで生々しい中華料理でなく、日本人向きにアレンジされたマイルドな中華料理をわたしたちが好むように、人々が望むのは甘嚙みの恐怖だ。本当に牙を立てて食いついてくる恐怖ではない。

そうした点において、「アムンゼンの天幕」で語られる恐怖はやはり「恐怖もどき」でしかない。それを了解したうえで、作者のあつらえた恐怖ごっこにわたしたちは参加する。作品の中には「完全に狂った脳に描かれる名状しがたいもの」とか「もっとも恐るべきゴシック派の空想力が、譫妄《せんもう》と狂気に没入してつくりだした奇怪さにもひけをとらないほど恐るべき運命」「それはあたかも地獄のもっとも恐ろしい場所に棲む悪鬼の声かと思われ、われわれ三人は愕然とした」といった大仰な表現に満ちている。だが、それを馬鹿にしてはいけない。あえてそうした言葉を受け入れることで、作品の世界観を読者と作者とは共有することになる。それによって生じる親密さが嬉しいのだ。

光人社NF文庫というレーベルがある。太平洋戦争における戦記物を中心に、特攻兵器だの幻の試作戦闘機だの軍人の生涯だのを書き綴った地味な作品が揃えられている。このレーベルのキャッチフレーズが〈心弱きときの活性の糧《かて》〉となっている。軍歌を聞いて心を奮い立たせるといったノリではなく、家族や自分を守るためには戦争に参加せざるを得なかった人たち、懸命なあまりに突飛な（ときには残忍な）武器を考案してしまった技術者、そういった人たちへの共感とやるせなさ、感慨と自嘲といったものがそのキャッチフレーズから伝わってくるようで、わたしは心秘《ひそ》かに好意を寄せている。そして恐怖小説には、現実逃避の手段というよりも〈心弱きときの活性の糧〉といった性質があるような気がしているのだ。

二十年近く前、いろいろとうんざりすることが重なり、仕事をすべて辞めておよそ三ヵ月、いわゆる引きこもりに近い生活を送ったことがある。妻は看護師で子どもはいないので（猫は一匹いた）、昼間は自宅でわたし独りになる。暇が有り余るので、ホラー系・怪物系のDVDばかり観ていた。鬱々とした気分でB級、C級の恐怖もどき映画に耽溺していたのだった。これには理由があり、ホラーや怪物ものの映画を作る人たちにシンパシーを抱いていたからだ。世間的には軽んじられたり評価をされず、しかし自分たちなりの矜持《きょうじ》と熱意でアホらしい作品をこしらえていく。そうした背景を想像してはそれを〈心弱きときの活性の糧〉としていたわけである。

恐怖小説作家に対しても、似たような感情がある。彼らの多くには拗《す》ね者としての自覚と、たとえ恐怖もどきであろうとそれなりのインパクトを与えたいという情熱を往々にして感じるのだ。「アムンゼンの天幕」は明らかにB級、いやC級である。でも支持すべきところはある。作品の設定を一九一三年（大正二年。前年には白瀬中尉が南極点到達に失敗し、タイタニック号が沈没し、ロシア未来派が始まり、カフカが『変身』を執筆。翌年には第一次世界大戦が勃発）の南極点に選んだのは、その不穏さにおいて賢明だ。アムンゼンという実在の人物を絡ませたのも、相応のリアリティーを与える。大げさで月並みな形容ばかりの文体も、むしろ一種の様式美だろう。筆力が不足したまま怪物の正体をたどたどしく描くよりは、あえてそれを避ける態度も憎めない。

読みながら本当に恐怖を覚えるような素朴な読者はまずいないだろう。しかし、第二章で述べた（神経症の一部としての）恐怖症の数々が、たとえ当人にとっては顔面蒼白になろうと多くの人にとってはことさら何でもない――それと同様に、「アムンゼンの天幕」という小説そのものが、大概の人にとっては怖くないかもしれないが怖いと思う人にとってはさぞや怖いんだろうなあと好意的な想像をしたくなるような「恐怖小説作家の熱い思い」を感じることは事実なのである。

さらに申せば、本書の序章においてわたしは恐怖の三要素を提示した。すなわち①危機感、②不条理感、③精神的視野狭窄である。①については、所詮は小説や映画に過ぎないのだから本当の危機感なんか生じない。その時点で、もはや恐怖もどきにしかなりようがない。が、②の不条理感で読者を圧倒することは可能だろう。また登場人物たちの描写において、恐怖に面した彼らが陥る精神的視野狭窄はしっかり書き込めるに違いない。思うに、「アムンゼンの天幕」ではまさに通俗的な文章でその精神的視野狭窄状態をちゃんと描いている。通俗的であろうとそれは別に悪いことではないし、楽しめる。ストーリー全体が極限状態の実況中継となっている。合格じゃないか。

実際、わたしは引用のために作品の一部を書き写す作業にささやかな喜びを覚えた。月並みであることを蔑むのもひとつの考えだけれど、月並みであるがゆえの満足感というものもある。ことにこちらの心が弱っているときには、ユニーク過ぎるものはむしろ負担に感じられてしまう。

とはいうものの……

本当の恐怖を期待していないとはいうものの、稀に肝を冷やす作品と出会ってしまうことがある。厳密に申せば、恐怖そのものというよりも個人的な心理的弱点を衝かれたというか、ある種の不条理感に打ちのめされたといったところだろうか（したがって本書の読者がわたし同様に怖さを感じるかどうかは分からない）。その一例をここで紹介しておこう。作者は都筑道夫《つづきみちお》（一九二九〜二〇〇三）、「猫の手」と題する短篇である（初出は『小説宝石』昭和五十一年一月号）。彼のホラー作品はさまざまな出版社からコレクションの形で出版されており、「猫の手」もおそらくそこに収録されている。

都筑は本格推理（パズラー）からハードボイルド、伝奇、ホラー、SF、ショートショート、評論など幅広く健筆を揮《ふる》ってきたが、当人は恐怖小説（モダンホラー）にはかなり自信を持っていたようで作品数も多い。ただし正直なところ、わたしは彼の作品が苦手なのである。どうも論理や理屈ばかりが先行してしまう傾向があり、潤いに欠ける小説となりがちな気がする。あるいは独りよがりになり過ぎて、いまひとつ作品のポイントが分からないことがときおりある。

だが「猫の手」に限っては、臓腑《ぞうふ》を鷲掴みにされたような気になったのだった。

恐怖小説の分野には、古典的名作のひとつとしてイギリスのW・W・ジェイコブス（一八六三〜一九四三）が一九〇二年に発表した「猿の手」という短篇があるが（Wikipediaには単独項目として載っており、あらすじが最後まで書かれている）、それの本歌取りとして「猫の手」は書かれている。そうした蘊蓄《うんちく》をちゃんと登場人物の口を借りて語らずにはいられないところが、まあ都筑らしさでもある。

男女五人の若者たちが、メンバーの一人である竹雄の伯父の別荘に集まっている。別荘は天城《あまぎ》の山中にあり、林の奥に建っている。彼らは夕食を終え、広間で寛ぎ雑談をしている。夜は冷えるのだろう、石油ストーブが焚《た》かれている。

そんなシチュエーション（まさにホラー映画の定番でもある）で竹雄が小説「猿の手」について話題を振った。「猿の手」はいわゆる三つの願い、悪魔との取引をテーマにしている。魔力を持つ猿の手に願いを告げると、それは確かに叶えてもらえる。だが意地悪な罠が仕掛けられており、結局願いを告げた者は酷《ひど》い目に遭うというのがこのテーマのパターンなのである。

どんなに用心深く願いを告げようとも、

「でも、はぐらかしてしまうのね。願いをかなえるように見せかけて、不幸がおとずれるようにするのよ。『猿の手』だって、結局はそうでしょう？」

「トリックがあるわけだ、つまり。昔、テレビ映画で見たことがあるな」

と元彦は氷だけが残ったグラスに、オールド・パーをつぎこみながら、

「権力者にしてくれ、と悪魔にたのむと、ベルリン陥落寸前のヒトラーにされちまうんだよ」

「奇蹟《きせき》ってのは、そう都合よくは起らないってことさ。おれがなぜ、こんな話をはじめたか、というとだな」

竹雄が思わせぶりな態度で述べるには、この別荘には猿の手ならぬ猫の手というものが仕舞われており、それがまさに三つの願いを叶えてくれるというのだ。半信半疑のメンバーたちの前に、竹雄が建物の奥から細長い木箱を抱えて来る。「箱は四十センチメートルに二十センチメートルぐらいの大きさで、黒っぽい茶いろの木製だった。いちめんに彫刻がしてあって、蓋の上では、鬼とも猿ともつかない怪物が両手をひろげて、扁平《へんぺい》な地球をかかえこんでいた」。怪物が扁平な地球をかかえこんでいた、というあたりが胡乱《うろん》な雰囲気を醸し出す。蓋を開くと、「ひからびた黒っぽい棒きれのようなもの」――猫の手のミイラが入っていた。まさかこんなものが願いを聞き入れてくれるとも思えないが、若者たちが男女五人も別荘に集まれば、とにかく遊び半分に試してみようじゃないかということになる。とはいうものの、よほど気をつけないと恐ろしい目に遭う。だがアルコールの勢いもあり、どうやって悪魔を出し抜くかの論議に花が咲く。

亜紀子が、「要するに、やっぱり、欲ばらなきゃいいのよ。あたしたちのことじゃないことを、願ってみたら、どうかしら？」と提案する。なるほど権力者になることを望めばベルリン陥落寸前のヒトラーにされてしまうし、大金が欲しいと願えば札束を抱えたまま火星に立っているような罠が待っているに違いない。だがそうした罠には、私利私欲に対する戒めといった意味合いも含まれているのではないのか。となれば、金銭欲や物欲、権力欲を避ければ安全ではないだろうか。

という次第で亜紀子がとんでもない願いを提案する。おそらく彼女は（自分のことは棚に上げて）世間がおかしい、堕落していると憤慨していたのではあるまいか。だからお灸《きゅう》を据えたらどうだろう、と。そこで「あたしたち五人をのぞいて、日本人ぜんぶに死ぬような苦しみを与えてください」という願いはどうかと言い出したのだ。あとの二つの願いで、もと通りにすればいいんだから、と。

恵まれた境遇にある若者たち特有の身勝手さから、彼女の提案はすんなり採択される。しかも日本人全部というのを人類ぜんぶへと拡大して。早速、元彦が代表となり、おどけた調子で猫の手を自分の額に押し当てながら願い事を申し述べる。

「お猫さま、三つの願いの第一は、われわれ五人はぜったい安全な状態で、残りの人類ぜんぶに、死ぬほどの苦しみを——死の苦しみじゃありませんよ。死ぬような苦しい思いをさせてください。第二は夜があけて、われわれが山をおりるときには、すべてを平常にもどしたまえ。第三はわれわれ五人、みんなを苦しみから救ったことで、感謝されるようにお願いします。以上の三つ、順序どおりにかなえてください。お願いいたします。お猫さま」

願いを言い終えた途端、部屋の明かりが消えた。全員がぎょっとする。ヒューズは切れておらず、地域全体が停電しているらしい。電話を掛けてみるが(この作品が執筆された当時は、まだ携帯電話はない)発信音は聞こえなかった。何だか様子が変だ。外に出てみたいところだが、外へ誘い出すのが罠かもしれない。翌朝まで待つしかなさそうだ。いずれにせよ夜が明ければ平常に戻っているに違いないのだから。石油ストーブを囲んだまま、五人はいつしか寝入ってしまう。

恐ろしいのはここからである。

気づいたときには、夜があけていた。ストーヴは消えていた。亜紀子が身ぶるいしながら、灯油の缶を持ちだしたが、それはからっぽになっていた。

美鈴と哲治が台所から、怪訝《けげん》な顔でもどってきた。

「冷蔵庫のなかのものは、みんな腐って、ぼろぼろよ」

「パンも粉になっちまってる。ひと晩のうちに、いったいなにが起ったんだろう?」

元彦は猫の手をおさめた箱を見おろして、竹雄に声をかけた。

「すぐ山をおりたほうがいいな。やっぱり、三つの願いはかなったんだ。山をおりりゃあ、平常にもどっているはずだぜ」

「そうだな。東京へ帰ろう」

別荘の戸口を出たとたん、五人は立ちすくんだ。五人が乗ってきた自動車が、まっ赤に錆びて、崩れかかっていたからだ。五人が思わず、その残骸に走りよると、背後で別荘が崩れおちた。


状況から推察すると、彼らが眠っているあいだにどうやら数十年（!）の時間が経っていたようなのだ。でも五人は歳をとっていない。猫の手は、彼らには直接影響を与えなかった。しかし現実には長い長い月日が過ぎ去っている。こうなると、やはり山をおりるしかないだろう。世界がどうなってしまったのか確認する必要があるし、食料の調達も必須だ。もちろん下山は徒歩によるしかない。

深刻な表情で荒れ果てた道を歩いていくと、「その五人の前に、とつぜん異様なものが現れた。人間とも、けだものともつかない生物だった。七人、九人、いや、十数人のその生物に取りかこまれて、五人は引きたてられていった」。

この成り行きはおかしい。理屈に合わない。彼らは感謝される立場にあるのではなかっただろうか。それに、この連中はいったい何者なのか。

……すると、異様な人間のひとりが答えた。

「あなたがたは、救世主です。あなたがたのおかげで、あの大異変のとき、人類が生きのびたということは、神のおつげで存じております。

（中略）

われわれは、あなたがたの骨を、神としてまつります。生殖能力をうしなった人類は、あなたがたによって、それを取りもどせるというおつげでした。

あなたがたの肉をくらい、血をすったわれわれから、生殖能力はじょじょにひろがって行くのです」

以上でおわりである。結局彼らは怪物と化した人類によって食べられてしまうわけである。

荒唐無稽といえばその通りで、あまりにも馬鹿げた物語かもしれない。だがもともと五人が暮らしていた世界と「大異変後の世界」とは、数十年に及ぶ睡眠を介してしっかりとリンクしている。悪夢が現実となったかのような成り行きは、すべて眠っているあいだに猫の手が差配しているのである。

一晩のうちに冷蔵庫の中身がぼろぼろとなり、パンが粉となり、自動車は真っ赤に錆び、別荘が崩れ落ちる――この描写の迫力はさすがと思わずにはいられない。ここがわたしを狼狽させる。当方は爛柯《らんか》伝説（五～六世紀の中国南北朝時代に著された『述異記《じゅついき》』上巻にある伝説。晋《しん》の時代に、王質《おうしつ》という名の木樵《きこり》が信安郡の石室山へ分け入ると、二人の童子が碁を打っていた。彼は童子にもらった棗《なつめ》の実に似たものを食べたところ空腹を覚えず、そのまま碁を眺めていた。ふと童子に声を掛けられて我に返ると、脇に置いた斧《おの》の柄がすっかり腐っている。知らぬあいだに長い年月が経ってしまっており、山から里へ戻っても知っている人は誰もいなくなっていた、というもの）だとか浦島太郎にもうっすらと嫌な感じを覚えていたのだが、まさにその「嫌な感じ」を濃縮し、あらためて別の物語に託して突きつけられたということなのだろう。

だから爛柯伝説や浦島太郎にどこか嫌なものを感じた人たちはわたしのように衝撃を受けるだろうし（結局のところ、個人レベルで心の深層に横たわっている弱点というかトラウマ的なところが刺激されたということなのだろう）、そうでない人たちにとってはせいぜい一九六〇年代前半にテレビ放映された『ミステリー・ゾーン』や『トワイライト・ゾーン』にありそうなストーリーとしか思えないであろう。

あらためて「猫の手」について考えてみると、文章を含めてよくできていると感じると同時に、やはり読者それぞれのツボに上手く嵌らないと怖さは立ち上がってこないのかもしれないと思いたくなる。そのいっぽう、ツボの種類はそれほど多くない気もしないでもない。そのつもりになれば、〈恐怖小説のためのツボ一覧〉みたいなものも作製できるのではないか。雨恐怖、笛恐怖、空気恐怖、万物恐怖、毛恐怖、色恐怖など特殊なものを除けば、普段遭遇しがちな「精神疾患ないしは疾患寸前の状態としての恐怖症」をリストにするのが可能であるように。

猿を殺す

フレンドリーな恐怖に彩られた恐怖小説「アムンゼンの天幕」、個人的な心のツボを不意に衝いてくる「猫の手」を紹介してきたけれど、もう少し普遍性のある作品はないものだろうか。

次に紹介してみたいのは、平山夢明《ひらやまゆめあき》の「予言猿」という作品である。現在はKADOKAWAホラー文庫の『顳顬草紙《こめかみそうし》／串刺し』で読める。四百字詰め原稿用紙でわずか六枚程度の長さだ。

実は作者はこれを恐怖の物語であるとは謳《うた》っていない。鬼畜系のホラー小説と実話怪談が作家としての平山の大きな柱だが、本人によれば「……こうした幽霊でも狂人でもない、乱暴な懐疑主義者や無粋な奴らにゃ、単に記憶の誤差のようでもあり認知のブレだよとでも片付けられちまいかねない話のなかにも、割と怖ろしくもあったり、謎だったりするような、奇妙でコクのある話っていうのが案外、落っこちてるもんなんですよね」（同書前書きより）というわけで、実話怪談（体験者から話を聞き、それをもとに書かれた怪談）を取材したときに怪談のジャンルからは超出してしまっているけれど妙に気になる話だけを集めたコレクションのなかのひとつが、この「予言猿」なのだ。

落語家の塙《はなわ》さんから、このおかしな話は教えてもらった（ということになっている）。

かつて塙さんが住んでいたアパートの先に商店街があり（まだ昭和の頃である）、そこの八百屋が猿を飼っていた。ちゃんちゃんこを着せられ、軒の柱に繋《つな》がれ、客に愛嬌《あいきょう》を振りまいていた。ところがある日、店先を通りかかった散歩の洋犬に顔を齧られてしまったというのだ。「猿は顔の皮が半分なくなってしまった」。

それでも八百屋のオヤジはそのまま猿を店先の柱に繋いでいた。猿は顔の半分を齧り取られて以来、急に性格が変わってしまった。愛想を見せなくなり、じっと裂けた面を道端に向けて通り過ぎる人を眺めるばかりとなった。塙さんいわく「すっかり仙人みたいになっちゃってさ」。

そんな猿が、あるとき、なぜか客の服の裾を摑んだ。気づいた客が「あら？　どうしたの」と声をかけると、飽きたように手を離す。そんな仕草をときおり示すようになった。

噂が立ったのはそれから暫くしてのこと。

『八百屋の猿に摑まれた家からは死人が出る』

「変な話だけど、どうも本当らしいんだよ。摑まれた客の何人かが葬儀の片づけやらで顔を合わせた所でそんな話が出たらしいんだ。一週間と経たずに家の者が亡くなる。まあ、詳しく話を聞けば全部じいさんばあさんだから、猿のせいでもなんでもないんだけどさ」

不吉な話ではある。客商売をしているのだから、常識的にはこのまま猿を店先に出しておくのはまずいと判断するだろう。だがオヤジには頑固なところがあったようで、仙人みたいになった猿をそのまま柱に繫いでいた。客足が遠のくこともなかったらしい。

さて八百屋のオヤジが四十を過ぎてから授かった一人娘がいて、器量が良く明るい性格だ。大切に育てられたのである。彼女は関西で働いていたが、休暇で一週間ばかり帰省した。そのあいだは、感心にも店の手伝いをしていた。

やがて休暇が終わり、娘は仕事先の関西に戻ることになった。店先で両親に手を振り、猿にも「じゃあね」と手を振った。そんなことをしている最中に、猿が娘の服の裾を摑んだのである。彼女は不吉な噂など知らないから、猿の悪戯としか思わず笑っている。だが両親は顔色を変えた。母は必死になって戻るのはよせと娘にすがりつく。しかし娘は事情が分からないから話が通じない。ややこしいことになりそうだったので、オヤジが折れて「いいよいいよ。大丈夫だよ。いってきな」とそのまま送り出した。

ここまでくれば、読者にはその先が予想できるだろう。二日後に、娘の勤め先から電話が来る。配達先で娘が事故に遭い、大怪我をしたという。すぐ現地に来てほしい、と。うろたえつつ両親が二階で出掛ける支度をしていると再び電話が入る。案の定——娘が死んだというのだ。オヤジが送り出したのがいけなかったのだとさっきまで詰《なじ》っていた母は、そのまま畳にへたり込む。いっぽうオヤジは無言を貫いてじっとしていたが、やがて意を決したように着替えの背広を放り捨てて店先に下りていく。

そして夕方の客が混みいってくるといつになく威勢良く商売を始め、あれやこれやと大きな声でやりとりし、まるで娘の訃報を耳にしなかったかのように次々と客を捌《さば》いていたが突然、「あー畜生！」とひと声怒鳴ると軒先に走り込み、怯えた顔の猿をひっ摑むとそばにあった里芋洗いの樽《たる》のなかに頭から丸ごと漬けて、そばの毛羽だったブラシで、ごしごしごしと動かなくなるまで洗い殺した。

突然のことに慌てた客が遠巻きにするなか、オヤジは十分ほども洗い続けると立ち上がり、毛の剝げちょろけた猿の死骸を忌々しそうに道端へびちゃりと放ると奥へ入ったまま出てこなくなった。

見れば猿は自分のちゃんちゃんこの裾をしっかり摑んでいたという。

店はすっかりそれきりになった。

話はそれだけである。怪談のセオリーにちゃんと則《のっと》っており、そうした点では行儀の良い作品に映るかもしれない。猿が誰かの服の裾を摑むと死が招き寄せられ、最後には猿自身が死んでしまうがその際には自分のちゃんちゃんこの裾を自ら摑んでいたというわけなのだから。

けれども、「予言猿」にはそうした枠には収まりきらないところがある。娘の死を知らされたオヤジは懸命に八百屋としての日常生活を保とうとする。それは空元気ではあるものの途中までは成功する。だがどうにもならない憤怒《ふんぬ》が、激しい暴力性がいきなりほとばしり出る。猿に直接の責任はないだろう。が、心情的にはそうはいかない。いや、猿に怒りを向ける以外にどうすればいいのか。「洗い殺す」といういささか奇妙な言葉遣いが、オヤジの怒りと混乱とを的確に表現している。この言葉が出た時点で、もはや「予言猿」は通常の怪談や奇譚《きたん》から逸脱している。と同時に、土俗的な説話に近い暗い奥行きを獲得している。

これを恐怖の物語と言い切るのには躊躇する。むしろ滑稽噺《こっけいばなし》に近いと感じる人すらいるのではないか。だがいずれにせよ人の心の暗部を、あざといほどに鮮やかに切り出しているではないか。ここには猿が死を予言するという〈危機感〉があり、〈不条理〉と〈精神的視野狭窄〉とが十分過ぎるほどにある。そして「あー畜生！」のひと声で蟠屈《ばんくつ》は極限に達し、もはやどんな馬鹿げたことも、どんな残忍なことも起こり得る。と、そこまで考えを進めれば、やはりこの作品は恐怖小説と呼ぶしかないのかもしれない。

きわめて特異な物語のようでもあり、月並みな怪談のようでもあり、だが結局は普遍性を伴った恐ろしい話としか捉えようがないと思うのである。江戸川乱歩が言うところの「奇妙な味」に近いかもしれないが、そのようなものに必須である微妙な違和感がここでは「いかがわしさ」とでも呼ぶしかないものに置き換わっている。そこが特徴でもあり、それゆえに根源的なものを表現しているように感じられるのだ。

身長十三センチメートルの人

次に映画を紹介したい。アレクサンダー・ペイン監督、二〇一七年公開のアメリカ作品『ダウンサイズ』である。ホラーではない。社会風刺の混ざったヒューマンかつ「特撮が売り物」のSF映画といったところか。正直なところつまらない。ポリティカル・コネクトネスに配慮しまくったハリウッド映画――そんな趣があって、いまひとつ素直な気持ちで鑑賞できないのである。

SF的な設定があり、それは人体を縮小させる技術が確立した近未来というものである。欧米の成人男性がおよそ身長十三センチメートル、体重が二十グラム弱に縮小する方法が発明された。なぜそのような技術が重要かといえば、人体縮小（ダウンサイズ）によって資源の消費や環境汚染が劇的に減少し、人口増加の問題も解決するからである。食費も光熱費も圧倒的に少なくて済むし、廃棄物も少なくなる。生活必需品や娯楽に供される品々も、使用する材料がわずかになるから結果的に安価になる。つまり、縮小人間として暮らせば、地球に優しくしかもきわめて経済的に生きられる。何もせずとも、縮小人間となるだけで個人資産が十倍以上となる。

既に多くの人たちが縮小人間となり、安全な（昆虫や鳥や犬や猫に襲われたりしないような）コミュニティーで暮らしている。あらゆる職業の人たちが縮小化されて暮らしているから、生活には困らない。手持ちの資産が事実上十倍以上になるということで、金銭的に追い詰められた人たちが起死回生を狙って縮小の処置を受けるケースも多い。

映画で描かれる時点において、世の中はまだ少数派の縮小人間たちの社会と、従来のサイズの人たちとが共存している。人体縮小は生物細胞を小さくする技術なので、人工関節とかインプラント、心臓ペースメーカーなどが入ったままでは技術の恩恵は受けられない。そうした事情がなくとも、身長十三センチメートルとなることを感覚的に拒否する人たちも存在する。そんな彼らは縮小された人たちが急にリッチになったのを見ると内心面白くない。あんなちっぽけな奴らも選挙の投票権を俺たち同様に一票ずつ持っているなんてオカシイ、など不平を述べたりもする。

なお、縮小された人たちがまた元のサイズへ戻ることはできない。ダウンサイズのコミュニティーへ参加するのは、片道切符なのである。

ハイスクールの同窓会、という場面が出てくる。従来のサイズの卒業生たちが集っているところへ、透明なケースに入った縮小人間のカップルが登場する。彼らも同じハイスクールの同窓生で、唯一の縮小人間カップルなのだ。クリスマスケーキさながらに運び込まれたケースから縮小人間がテーブルの上に歩み出て親しげに話しかける。このシーンは、SFXによって作り上げられているわけだが、なかなか衝撃的である。かつては一緒にハイスクールライフを謳歌《おうか》した友人が身長十三センチメートルとなっているのだから。しかも縮小人間は明るい表情をしている。経済が豊かになり、充実した生活を送っているゆえに、まあそうなるのだろう。

同級生たちのほとんどは縮小人間を初めて目にするようで驚きを隠せない。幸せそうでなによりではあるものの、やはり身長十三センチメートルとなってしまった友への違和感は打ち消せない。好奇心とともに「ああ、あいつはとうとうやっちまったか」といった複雑な雰囲気が微妙に生じる。縮小人間になったことを、内心では後悔しているのではないのか。それを悟られないように、無理をして明るい表情を浮かべ、ハッピーな自分を装っているのではないのか。そのあたりの機微をさりげなく描いているところがこの映画のよい点である。

不全感に満ちた暮らしを送っていた主人公は、妻と一緒に縮小人間となる決心をする。だが主人公（マット・デイモン）が縮小されたとき、妻は直前で「やはりわたしは元のサイズでいたい」と裏切ったことを知る。そうした喪失感を抱えたまま主人公はメッセージ性の高い事件に巻き込まれ、そこから話は急激に退屈かつ説教臭くなっていく。小さくなった人間がテーマのSFにありがちな、従来サイズの人間にとっては何でもなかったものが縮小人間にとっては脅威となる、といった文脈での冒険は描かれることがない。

しかしながら、わたしはこの映画を観ながら、息苦しくなったのである。

いつの間にかSNSを使いこなせない者が社会的弱者となってしまったように、おそらく縮小人間になるという選択肢をいずれは取らざるを得なくなりそうな社会が『ダウンサイズ』には描かれていた。世間の大部分が縮小人間になってしまったとしたらそこで諦めもつこうが、まだ技術が確立されてからの年数は平均寿命を超えていない。悪魔との取引ではないが、どんな陥穽《かんせい》が待ち受けているかまだ分からないのである。不信感は否めないし、心情的にも抵抗感がある。たぶん、自ら進んで犬や猫に嬲《なぶ》り殺されるという形で自殺を図る縮小人間だって出てくるだろう。当方はそうしたことをあれこれ想像しただけで気分が悪くなってくる。

それに、縮小されることが「片道切符」であるのが何よりも怖ろしい。引き返せないような決断をすること自体が恐怖なのだ。それは自分自身の判断能力を自分で信用していないということもあるし、もともと臆病者だからでもある。顔にまでタトゥーを入れた人や、大胆な美容整形を行った人を見ると、彼らは内心「しまった、軽率なことをしてしまった」と悔やむことはないのだろうかと思い、たちまち胸がざわついてくる。もちろん彼らは「後悔なんかするわけないだろ！」と言い張るだろうが、夜中にふと目が覚めたとき、暗闇の中で忸《じく》怩《じ》たる気分に陥ることはないのか。心苦しくならないのか。そうした疑問は、最終的には、自殺を遂げた人に対して生じる気持ちと同質である。

自分が縮小人間となったとき、これでいいのだと無理矢理に自分を励ましつつも、胸の底には漠然とした後ろめたさや罪悪感（誰に対してなのかも判然としないのだが）が希釈された毒のようになって生じそうな気がしてならない。そしてそれはおそらく生涯にわたってわたしの心に居座り濃縮されていきそうだ。それが嫌だ。恐ろしい。

当方の言い分に共感してくれる人もいれば、くだらないと一笑に付す人もいるだろう。すなわち、映画『ダウンサイズ』には、わたしにとって都筑道夫の「猫の手」における〈爛柯伝説的なもの〉のような恐怖のツボが隠されていたということに他ならない。こうなってくると、あらためて〈恐怖に至りかねないツボ〉について考えてみたくなる。

恐怖のツボ（わたしの場合）

参考までに、わたしにおける恐怖のツボにはどのようなものがあるのかを書いてみる。何かの役に立つとも思えないが、とにかく書いてみよう。

（1）いつの間にか（あるいは体感的にはたった一日のうちに）長い長い年月が呆気なく過ぎ去っていた。気がついたときにはもう遅い、世の中はもはや見知らぬ世界に変わり果ててしまった。👁

これはさっきから述べている爛柯伝説や浦島太郎、都筑道夫「猫の手」、長篇ではクレイ・レイノルズ『消えた娘』（土屋政雄訳、新潮文庫）などが該当しそうだ。『消えた娘』については、拙著『無意味なものと不気味なもの』（文藝春秋）で詳述した。

（2）自分のすぐ隣に「永遠」や「無限」が存在している……。❻

永遠の恐ろしさについては、第六章であらためて述べたい。ループする物語、たとえばジム・トンプスンの短篇「永遠にふたりで」（『この世界、そして花火』所収、三川基好訳、扶桑社ミステリー）なども含まれるだろう。あるいは可視光線吸収率が九十九・九六五％という漆黒の塗料とか。

（3）生き埋め、というテーマ。

むしろ映画に多いかもしれない。ジョルジュ・シュルイツァー監督の『ザ・バニシング―消失―』（一九八八）にとどめを刺す。かつてスタンリー・キューブリック監督に「これまで観たすべての映画の中で最も恐ろしい」と言わしめたというのも頷ける。心理の弱点をえぐる描写や、バッド・エンドのあり方もじわじわとこちらの心を蝕んでくる。小説では、第二章で紹介したポール・L・ムーアクラフト『独房の修道女』も捨てがたい。もちろんE・

A・ポオの「早まった埋葬」は古典として押さえておく必要があろう。なお、生き埋めというテーマに関しては拙著『鬱屈精神科医、怪物人間とひきこもる』という題の映画論集（キネマ旬報社）でねちねちと詳述している。

（4）広大かつ絶望的な場所で右往左往していたと思っていたら、実はそこはちっぽけで無害な区画でしかなかった。オレは独り相撲を取っていただけなのか？

これも映画に親和性が高い。ガス・ヴァン・サント監督の『GERRY ジェリー』（二〇〇二）などが典型か（この映画も、主演は先述した『ダウンサイズ』と同じくマット・デイモンなのが興味深い）。この作品には元ネタがあり、それは「晴れた天気であったにもかかわらず、二人の若者が自然公園の中で道に迷った。何日も彷徨《ほうこう》した挙げ句、途中で一人が死亡。生きて戻ってきたのは一人だけだった。／しかも相棒が死亡した場所は、後になって判明したことなのだが、ハイウェイからわずか三百メートルしか離れていなかった」という実話である。呆気なさの中に宿る残酷さといったところか。「八幡《やわた》の藪《やぶ》知らず」と言い換えてもいいのかもしれない。また後味の悪い映画として有名な『ミスト』（フランク・ダラボン監督、二〇〇七、原作はスティーヴン・キングの中篇『霧』）は、結局のところ（4）と、次に述べる（5）の合わせ技といったところだろう。これらについても『鬱屈精神科医、怪物人間とひきこもる』で執拗《しつよう》に述べておいた。

（5）軽率にも、もはや引き返せない（しかも重大な）決断を下してしまった。取り返しがつかない事態を自ら招いてしまったのだ、嗚呼《ああ》。

こちらはさきほど「身長十三センチメートルの人」の項で書いた通りである。萩原朔太郎の「自殺の恐ろしさ」も、井上靖の「補陀落渡海記《ふだらくとかいき》」も同ジャンルだ。

以上五つのツボに加えて甲殻類恐怖によって、わたしにとっての恐怖のありようがおおよそ定まってくる。もちろんもうちょっと小さなツボもいろいろあるけれど、メインのツボはやはり右の五つだ。

今、これらを眺めてみると、自分なりに把握している（つもりの）自身の性格だとか言動、さらには書き綴ってきたものの根源とかなり正確に重なってくるように思われるのである。恐怖というパラメータを介しての自己に対する精神分析みたいなものが、案外簡単にできそうに感じられる。そうなると、読者諸氏もまた、恐怖のツボを列挙してみることで自画像を描けるということになってこよう。いささか自虐風味の娯楽として、なかなか楽しいかもしれない。

床の上のカブトガニ

村田《むらた》基《もとい》という作家がいる。同姓同名のプロ釣り師がいるので、ややこしい。最近は小説を書かなくなってしまったようで寂しい限りなのであるが、彼の短篇に「裂け目」という作品がある（『夢魔の通り道』角川ホラー文庫）。初出である『ミステリマガジン』一九九二年八月号で読んだのだけれど、かなり恐怖度が高い。いや、妙にリアルというか生々しいがために強く印象に残っているのだ。

小学生と思われる和彦が、「お母さんはカブトガニみたいな虫を見たことない？」と範子《のりこ》に尋ねるところから物語は始まる。どこにそんな虫がいるのかと訊くと、眠りに落ちる瞬間に見えると和彦は言う。目覚めている状態と眠っている状態とのあいだには隙間があり、そこにクレバスのような裂け目がある。カブトガニみたいな虫は、その裂け目の壁にへばり付いているらしい。

覚醒と睡眠との境目はたしかに存在するだろうが、境目を確認するという行為そのものは覚醒の領域に属する筈である。だから境目は確認できないという理屈になる。だが和彦は、習練によってそれを確認できるようになった。すると境目に深い地割れのようなものがあり、その壁面には「カブトガニみたいな虫」がびっしりと張り付いている。しかも近頃では地割れが次第に広がり、虫もだんだん上がってきつつある。それどころか、黒い毛が密集した球状の生き物も地割れの奥にたくさん蠢いている。

和彦が昼寝をしていると、「虫」が出没するようになる。

そんなことを考えながら、コーヒーカップを手にしようとしたとき、床の上にカブトガニがいた。

範子は驚きのあまり、椅子ごとひっくり返りそうになった。

それはがさがさと音を立てて走り、テーブルの下にもぐり込んだ。

まさか！

範子はあわてて、テーブルの下をのぞきこんだ。

だが、なにもいない。

（中略）

だが、とてもリアルだった。

三十センチくらいの大きさで、全体が硬そうな甲羅におおわれ、周辺にぎざぎざがある。

頭のほうは大きく、しっぽのほうは細くなっている。確かにカブトガニに似ているが、カブトガニそのものではない。第一、カブトガニは海の中にいるのだ。

古代の生物だろうか。

範子は頭を振った。あれは目の錯覚なのだ。和彦の話に影響されて、白昼夢を見てしまったのだ。

スリッパよりも大きな「カブトガニみたいな虫」が、ゴキブリさながらにダイニングの床を走り回る。やがて虫の数は増え、錯覚だと思っていたが、虫が範子の足の「くるぶし」を擦った際には、甲羅の周囲のぎざぎざによって彼女の皮膚には赤い痕が残った。

和彦の「覚醒と睡眠との境目にある裂け目ないしは地割れ」からカブトガニに似た虫が現実世界に溢れ出してきたのだとしたら、いずれ黒くて球状の生き物も出現するのではないか。その通り、確かにそれも出没するようになった。「直径一メートルくらいのボール状のものだ。表面に黒い毛が生え、熊が丸まっているのに似ている」それが転がり回って消える。だが次第に実在感が高まってきた。

そのとき、また黒い玉が現れた。

それは転がって、範子のすぐ前にきた。

今度はなかなか消えなかった。

範子は首をかしげた。これまでは、あの虫だって、数秒で消えたのに。

黒い玉は口を開けた。口があるのだ。

やけに大きい口だった。ほとんど黒い玉の直径ほどの大きさがある。

口の中にはたくさんの歯が生えている。その奥にぬらぬらした赤い粘膜が見える。

その口ががぶりと範子の両足にかみついた。悲鳴を上げる暇もなかった。その口はつぎつぎとかみ進んで範子を飲み込み始めた。範子の腰の骨がばりばりと砕けた。

こうして現実世界に黒い毛むくじゃらの玉がどんどん転がり出て、大人たちを次々に飲み込んでいく。凶暴そのものなのだ。

もしもスティーヴン・キングに書かせたら、おそらく上下二段組で二冊にわたる長篇に仕上げそうな話だ。しかし村田はあっさりと、だが壮大な世界観を持つ短篇に仕上げた。いったいカブトガニのような虫や黒い玉とは何だったのだろう。和彦の無意識領域から這い出し現実を侵食する存在なのだろう。黒い玉に女陰のイメージを重ね合わせる読者もいるだろうが、では虫のほうは？　種明かしはされない。ただし小学生の無意識領域から現れ出たという設定がたまらなく不気味で、まさに恐怖小説と呼ぶに値する。

この作品をここで採り上げたのは、読みながらわたしがある種の既視感を覚えたからなのである。自分も子どもの頃に覚醒と睡眠との境目を知ろうとしたことがあるようなないような――そんな曖昧な気持ちが生じてくるし、もしも自分がこの小説と同じアイデアで書くとしたら、やはり裂け目の壁にはカブトガニに似た虫をへばり付かせるだろうし、毛むくじゃらで赤い粘膜の巨大な口を備えた黒い玉を登場させるに違いない気がしてならないのだ（でも理由は判然としない）。そのような一致こそが、ひたすら気味が悪い。わたしを脅かす。もしかすると、これらはカール・グスタフ・ユング（一八七五〜一九六一）が唱えるところの元型 Archetyp の像に近いのではあるまいか。集合的無意識に属し、だから多くの人が「思い当たる」イメージに近いのではないのか。そういった意味で既視感めいたものを覚えたのである。

村田が書いたいくつかの短篇には、やはりそういった印象をもたらすものがあった。言いたかったことが上手く言えないでもどかしい思いをしていたら、それを明確かつ具体的に言ってのけてみせてくれたような感触がある。そうなると、もはやたんなる恐怖小説のレベルにはとどまらない根源的な作品ということになるだろう。しかも、おそらくそのような作品は量産が利かないだろう。恐怖小説を真剣に論じるとしたら、この短篇はスルーされるべきではないと考えるのだ。

しかしそれにしても、床をがさがさ高速で這い回るカブトガニもどきというのは嫌だなあ。

今夜あたり、今度はわたしの枕の下からのっそりと這い出てくるかもしれない。

第五章　グロテスクの宴

動物人間

　ここからは、恐怖に近接するイメージである「グロテスク」な事物について論じてみたい。ホラー映画として分類されている作品を観ても、むしろ生理的不快感や「おぞましさ」を前面に押し出し、これではグロテスク映画と呼んだほうが適切ではないかと思うことも珍しくない。既に述べたようにわたしは甲殻類恐怖症であるが、率直なところ蟹だの海老だの蝦蛄だの昆虫などは、「グロテスク！」の一言で切り捨ててしまいたい。直感として、恐怖には根源的というか深い精神性が宿っているような気がしないでもないけれど、グロテスクからはむしろ反射的に嫌悪感を覚えさせるような「威圧感」が伝わってくる。

　そして、グロテスクなものを前にしたら、あんなふうになったら嫌だなあとか、そんな姿になってしまうまでの忌まわしいプロセスを想像して鳥肌が立つことが多い。しかも往々にしてグロテスクにはどこか「あからさま」で下品、悪趣味、ときには歪んだユーモアすら漂ってくることがあって、そうなるとそのように妙に人間臭い要素はそれなりに検討に値するようにも思えてくる。

個人的には、グロテスクという言葉から真っ先に頭に浮かぶのは（甲殻類を除けば）深海魚である。全身が口だけのような姿とか、異様に目が大きいとか、自分の体よりも大きなサカナを丸呑みにするとか、顎が馬鹿馬鹿しいほど前方に伸びているとか、獰猛さ剝き出しの歯を備えているとか、鰭《ひれ》がアンテナみたいになっているとか、冗談みたいな発光器を備えているとか、とにかくバランスがおかしい。真っ暗であるのに加えて冷たい深海で、餌とは滅多に遭遇できずに強烈な水圧の加わった状況で生きていくためには、なるほど合目的的に進化を遂げているとも考えられよう。だが、なりふり構わぬというか、とにかく攻撃本能と食欲だけに司《つかさど》られたまま孤独に生きている深海魚の姿からは浅ましさを感じてしまうのである。深海魚と大差のない生き方をしている人間、他人を犠牲にしてその場凌《しの》ぎに生きることしか考えていない人々が連想されて気分が悪くなる。

深海魚はどんな感情を携えて生きているのだろうかと思い巡らせてみる。寂しさとか虚《むな》しさなどは感じないだろう。生殖行為は行うのだろうが、セックスの楽しさなんて知らないのではないか。共感なんてものとも無縁だろう。心が安らぐ、なんて概念もないだろう。深海魚にとっての天国だとか極楽なんてものがあるのか。勝手な想像をしているうちになおさら気分が悪くなってくる。

最近、グロテスクと恐怖と狂ったユーモアの三つをいっぺんに感じる本を買った。小説でもノンフィクションでもマンガでもない。川崎悟司《かわさきさとし》の『カメの甲羅はあばら骨——人体で表す動物図鑑』（SBビジュアル新書）というカラーイラストが中心の小冊子である。素晴らしい本ではあるが、気味が悪くて卒倒しそうになった。

この本のコンセプトは、前書きの一部を引用すれば事足りる。「イヌのカカトはどこか？キリンの肘はどこか？意外に知らない人は多いのではないでしょうか？それをわかりやすく伝えるために人間の体を他の動物に変化させたイラストで見せたらどうだろう？という考えから本書の企画はスタートしています」。穏当な表現をしているが、油断してはいけない。内容は強烈だ。

たとえばカメ。カメの甲羅は独立した装甲カバーみたいなものではなく、肋骨《ろっこつ》と背骨が変形して出来上がったもので、さらにそれを鱗《うろこ》に相当する角質が覆っている構造らしい。つまり甲羅は剝がせない、骨格の一部なのだから。

というわけで人間の肋骨を巨大化させ肩甲骨《けんこうこつ》と骨盤を包み込むようにしたら、カメと同じ構造の人間——カメ人間 Turtle Human が出現することになる。そこを実際に（リアルな、しかもカラーの）絵にしたらどうなるか。三十歳近くの無表情な男性が、裸のまま四つん這いになっている。体幹には肌色の毛布を巻き付けているように見えるが、それは変形・巨大化した肋骨を皮膚が包んでいるだけだ。これはもう掛け値なしにグロテスクだ。生物学的には容認可能な生体構造なのだろうが、もはや悪質なジョークのようである。どこがジョークなのか。骨格のありようの多様性を戯画化し、直立歩行し手を自由に使えるという人間の特性をあえて否定してみせる。退化と引き替えに物理的安全性を獲得した姿は、生物としてのわたしたちの生存戦略を揶揄《やゆ》しているようにしか映らない。

ワニと同じ顎の構造を人間が獲得したらどんな表情になるのか。シャベルみたいな顔のワニ人間はなまじ目の周辺がわたしたちと同じであるぶん、なおさら不気味度が増す。ウマは中指一本で地面に接する構造になっているので、それを人間に当て嵌めればデッサンが狂っているようにしか見えない。フクロウやペンギンやカエルやコウモリと同じ骨格を持った人間がどれだけ珍妙な姿になるのか。そのような調子で描かれた動物人間たちは、生理的不快感を催させる。しかもその不快感は、生物としてのわたしたちに潜在している可能性から導き出されているのである。

裏返された皿

グロテスクと認定するにはどのような要素が必要だろうか。語源的にグロテスクとは洞窟grottaに根差し、ルネッサンス期にローマで発掘された古代遺跡の壁に描かれていたアラベスク模様ふうの奇怪な装飾を指すらしい。そういったものといわゆる「グロなもの」とのあいだには隔たりがあるけれど、ここでは後者すなわちおぞましさ、生理的不快感、あからさま、醜悪、無惨、えげつなさ、頓狂などを包括したものと捉えたい。

ゴヤの「我が子を食らうサトゥルヌス」がグロテスクの代表であると語るエッセイを読んだことがある。が、個人的にはいささか気取り過ぎた意見であるように思える。それこそ深海魚やカメ人間のほうがよほど感性へ正直に訴えかけてくる。ゴヤの絵は優れているけれども、良識や常識の延長線上にあるといった意味でいまひとつ威圧感に欠けているのではないか。ルーベンスの「聖ユストゥスの奇跡」のほうが、妙な生々しさがあって気味が悪い。

これからグロテスクの事例をあれこれを並べていきたいが、その前にグロテスク認定要素を示してみたい。以下の三つでどうであろう。

①目を背けたくなる（しかし、しばしば目が釘付けになる）。
②そのようなものと一緒に自分はこの世界を生きていかねばならないのかと慨嘆したくなったり、震撼させられたりする。
③その異質さは、ときに滑稽さという文脈でしか受け入れられない。

①と②についてはおおむね納得がいくと思う。日常感覚を超えてしまった異様で、異常な見るに堪えない事物というわけである。圧倒してくる存在感のみならず鬱陶しさをも伴い、だから一度でも遭遇してしまったらなかなか記憶から拭い去れない。だがそれだけではないだろう。おそらく③が重要ではないのか。

往々にしてグロテスクな事物には悪趣味な雰囲気が漂い、それがクレイジーな可笑《おか》しさすら醸し出す場合がある。アメリカの警察小説作家ジョゼフ・ウォンボーの長篇に『ハリー・ブライトの秘密』（小林宏明訳、早川書房）という佳作があり、その中で航空事故が描かれる。旅客機とセスナが空中衝突し、百四十四名の乗客乗務員が空中に放り出され航空機の破片と共に地面へ叩きつけられる。遺体は例外なく損壊が著しい。

現場に二名の若い警官がいちはやく駆けつける。すると既に一人の男が到着していて、地面に落ちている「何か」を凝視しているのである。いったい何を見詰めているのか。男の肩越しに警官たちはそれを覗き込み、しばらくしてからやっと何が落ちていたかに気づく。ショックのあまりに彼らはヒステリックに笑い出し、とめどなく笑い続け、やがて泣き出し、遂には嘔吐するのである。果たして何が落ちていたのか？

「顔だった。頭じゃない。顔だ。その日は人間の体にいろんな奇妙なことが起こった日だった。これは顔だけだった。裏返した皿みたいに、地面におちていた。若い男の顔だった、とコイ（引用者注・肩越しに覗き込んだ警官の一人）は言っていた。若い男の顔に見えたがよくわからなかったとも言っていた。まわりになんにもない顔ってものがどんなに見わけづらいか知ったら驚くはずだとも言ってた。しかしいたんではいなかった、その顔はな。地面から彼を見つめてたそうだよ」

上空で大事故の起きた現場では、犠牲者が地上に激突した際に、仮面を剝ぎ取るかのように顔の皮膚がぺろりと（見事に）毟り取られ、それが「裏返した皿みたいに、地面におちていた」というのである。それはあまりにも馬鹿げていると同時に悲惨そのものであり、その不協和音のような存在感はグロテスクとしか言いようがあるまい。そしてそんな悪趣味な光景を平然と現出させてしまう神だか造物主は、無邪気さと無神経さとを持ち合わせていると思わずにはいられないだろう。グロテスクがグロテスクであるためには、どこか無慈悲で臆面もない力が作用しているに違いない。

いずれにせよグロテスクなものは傍若無人で横柄だ。わたしたちの心を不意打ちのように襲い、じわじわと蝕んでも平然としている。それは引き攣《つ》ったような笑いと親和性が高いだろう。

ラジオからの呼び声

　これからある短篇小説を紹介したい。これに対する反応は人さまざまだろうと予想される。「ふうん、だから？」「ちょっと風変わりな話ではあるね。だけどインパクトはないね」「どうもぴんとこないなあ」と否定的な意見を述べる人もいるだろう。しかし、わたしとしてはグロテスク度がかなり高いと感じる。作者も、かなり辛辣《しんらつ》に人の心のグロテスクな部分を描きたかったのではないかと思う。

　書いたのはアメリカの作家シャーリイ・ジャクスン（一九一六〜一九六五）。短篇集『こちらへいらっしゃい』（深町眞理子訳、早川書房）に収録されている「ルイザよ、帰ってきておくれ」が、紹介したい作品である。

　時代設定は、執筆された一九六〇年あたりだろう。語り手はルイザ・テザー、十九歳。金髪で身長五フィート四インチ（約百六十二・六センチメートル）、体重百二十六ポンド（約五十七・二キログラム）。美人でも不器量でもなく、あまり目立たない外見をしている。身持ちも悪くない。比較的裕福な両親および口うるさい姉と暮らし、近くの女子大に通っていた。彼女は支配的で偽善的な家族にうんざりし、あるトラブルをきっかけに素早く家出を実行に移した。以前からルイザはこんな家から逃げ出したいと願い、家出の手順を夢想していた。トラブルを僥倖《ぎょうこう》として、それを遂に実行したのである。家族から逃げると同時に、家族を困らせ復讐《ふくしゅう》をしたいといった気持ちもあったようだ。素直な娘を演じながらも、心の中では怒りと鬱屈が積もりに積もっていたのだろう。

ルイザは巧みに服装を変えたり、他人に顔を覚えられないように注意を払い、逃走の痕跡を消すことに成功する。ありきたりのルックスであったのも奏功したのだろう。チャンドラーという小都市に逃げ込んだ彼女は、ピーコック夫人という気立ての良い老人が営む下宿屋を居場所と定めることができた。ロイス・テイラーという偽名を使い、真面目で行儀の良い娘としてピーコック夫人に気に入ってもらえるように振る舞った。その頃には新聞では、彼女の出奔は「ルイザ失踪事件」として大きく報道されていた。書き置きを残したわけではなく脅迫状の類もなかったので、ルイザが家出をしたのか誘拐されたのか殺されたのか駆け落ちでもしたのかは不明であるが、両親は高額な懸賞金を出したため話題になったのだろう。

新聞に写真まで載ったのに、ルイザはピーコック夫人にすら失踪者当人とは疑われなかった。あまりに堂々と、自然な態度でいたからなのかもしれない。彼女に似た姿かたちの娘は、アメリカの国内にいくらでもいた。ルイザは小都市チャンドラーに溶け込み、文房具屋で店員として働く。彼女を気に入ったピーコック夫人が紹介してくれた職である。一所懸命に働き信用を得て、一人暮らしは順調だった。やがて家出をした六月二十日から、ちょうど一年が経過した。

家出の一周年記念日がめぐってきて、あれからはや一年経ったことを知ったとき、わたしはお祝いに新しい帽子と、下町での夕食を奮発した。そして、夜のニュース放送にまにあうように帰宅すると、ちょうどラジオから母の声が流れてくるのに出くわしたのである。

これはぎょっとさせられる瞬間だっただろう。家族から逃げおおせたつもりでいたというのに、ラジオから母の声が生々しく流れてきたのだから。では母はラジオでどのように喋っていたか。ルイザに向けて切々と（あるいはそらぞらしく）語り掛けていたのである。

「ルイザ、どうか帰ってきておくれ。みんな、わたしたちの可愛い娘が帰ってくるのを待っているんですよ。わたしたちにはおまえが必要です、おまえがいなくてどんなに寂しいことか、おとうさんもおかあさんもおまえを愛しています。けっして忘れはしません。ルイザ、どうか帰ってきておくれ」

ルイザはその言葉に心を動かされることはなかった。無視をした。そしてチャンドラーでの生活は坦々《たんたん》と続き、勤めている文房具屋はギフトショップを兼業することになり、真面目に勤務していた彼女はその責任者にしてもらえた。「ルイザ、どうか帰ってきておくれ」なんて、わたしには無関係だわ！

万事順調であった筈なのに、とんでもないことが起きてしまう。ルイザの実家の隣に住んでいたろくでなしのポールに見つかってしまったのである。彼がチャンドラーに来るなんて、まずあり得ない筈だったのに。ポールは懸賞金を目当てに、ルイザを強引に両親のところまで連れ帰る。万事休す。これでは振り出しに戻ってしまうではないか。せっかくのロイスとしての生活が雲散霧消してしまうではないか。

とうとう彼女は実家で、あの両親と姉とに対面せざるを得なくなる。いったいどのような場面が展開されるのか。感動の再会なのか、叱責と怒声か。それとも気まずい沈黙か。実際にルイザは親の前に連れて行かれる。「母はわたしのところに来て、肩に手をかけると、わたしの顔をじっとのぞきこんだ」。

そして――

驚いたことに、母がルイザに向かって発した言葉は「あんた、名前はなんていうの？」だった。つまり顔を凝視した末にルイザを贋者と断定したのである。それには伏線があり、ポールは過去に二回もルイザを自称する贋者を、懸賞金目当てに連れてきていたのだ。なるほどそういった事情があるにせよ、本物の娘の顔をじっと覗き込んだ挙げ句に贋者と断じたりするものだろうか。本当に見分けることができなかったのか。父も姉も彼女を本物とは認めようとしなかった。それどころか、さっさと自分の家に帰りなさいと説教する始末だった。家族はあれほどルイザの帰還を願っていた筈なのに。

ここでルイザは遂に「真実」に気づくのである。

……こうなることぐらい、わたしはとっくに悟っているべきだったのだ。たぶんみんなは、わたしを捜すという状態にすっかり慣れきってしまい、いまはもうわたしを家に迎えるよりも、捜しつづけているほうがらくなのだろう。

こうしてルイザは無事チャンドラーに戻った。ロイスとしての人生が再開された。そして以後も毎年、季節の行事か何かのように、六月二十日になるとラジオからはさきほど引用した母からのメッセージ「ルイザ、どうか帰ってきておくれ」が放送される。そんな素っ気ない記述で小説は終わるのである。

不幸に安住する

学生時代にわたしはこの作品を読んで、げんなりした気分に陥った。グロテスクと称すべきものの感触をうっすらと覚えた。それから十年以上を経て、産婦人科医を経験してから精神科医となったわたしは、ルイザの両親のような精神構造の人たちが数多く存在することを知るようになった。共依存や神経症の一部、セルフネグレクトなどの人々である。いや、自分自身にも似たような部分がある。すなわち、不幸に安住するという倒錯なのか怠惰なのか分からない精神の働きである。その事実はある種の恐怖に通底しているだろう。

ルイザの家族について、さきほど示したグロテスクの三要素を検討してみよう。

本物の娘が目の前にいる。しかもその娘を捜してくれと懸賞金を出したり、娘に向かってラジオで「ルイザ、どうか帰ってきておくれ」と放送したりしているくせに両親は彼女を贋者と決めつける。もはや現実と向き合うよりも、娘を失った悲劇の家族として生きるほうに順応してしまったのである。今さら厄介な現実を認めるよりは、不幸に安住するほうが遥かに安楽であり満足感がある。そんな様子は、正視し難い。だがそんな倒錯した様子を、少なくともわたしは見届けたい気がしないでもない。まさに①の〈目を背けたくなる（しかし、しばしば目が釘付けになる）〉である。

ルイザの家族のように不幸に安住している人たちが世の中に少なからず存在していると思

い至るとき、②で述べたように〈そのようなものと一緒に自分はこの世界を生きていかねばならないのかと慨嘆したくなったり、震撼させられたりする〉といった感情が立ち上がってくる。さらにそうした事実が「ルイザ、どうか帰ってきておくれ」といった芝居がかったラジオ放送で毎年毎年繰り返されていると思うと、それはねじれたユーモアとして認識されるし、そのような仕掛けを作ったからこそ小説として見事に成り立っていると思わずにはいられない。③の〈その異質さは、ときに滑稽さという文脈でしか受け入れられない〉とシンクロしてくる次第である。

グロテスクは、必ずしも映画のエイリアンだとか、切り刻まれた死体だとか、エレファントマンのような姿をしているとは限らない。ルイザの両親みたいに「まっとう」と見なされている人たちの心に潜んでいたりすることもあるのだ。

海に座る

ここ十年くらいのあいだに見た映画でもっともグロテスクだと思った作品は、ギリシャの監督ヨルゴス・ランティモスによる『籠の中の乙女』（二〇〇九、日本公開は二〇一二）である。

ストーリー自体はシンプルで、ただし物語の設定そのものがきわめて異様なのである。時代は現代。三名の子ども（姉妹と長男。いずれも思春期に差し掛かっている）と両親が、裕福な庭付きの家に暮らしている。どうやら過去に両親は子どもを一人失っているらしい。そのためにおかしな考えに取り憑かれてしまっている。すなわち、現在の三名の子どもたちを絶対に家の外には出さず、世間から隔絶した状態で育てていこう、と。

子どもたちは生まれたときから名前を与えられていない。テレビやラジオ、その他世間を窺い知ることのできるものはすべて与えない。ある種の純粋培養によって子どもたちは育てられている。世間との接触を断つために、塀の外は恐ろしいところだと教え込む。いやその程度では生ぬるい。言葉そのものを、世の中とは違うものとして教え込むのだ。

映画の冒頭で、語学学習用のカセットレコーダーが登場する。そこから言葉の意味について、「今日学ぶ言葉」が子どもたちに伝えられる。たとえば、〈海〉とは〈革張りのアームチェア〉のことです、と。例文として、〈立っていないで、海に座ってゆっくり話しましょう〉というフレーズが示される。〈遠足〉という単語が意味するのは〈固い建築資材で、建物の床に使われます〉。例文は〈シャンデリアが天井から落下したが、床は傷ひとつつかなかった。百％遠足でできていたから〉。そんな調子で〈高速道路〉は〈強い風〉という意味であり、〈カービン銃〉とは〈きれいな白い鳥〉だと教える。ふざけているか、それともコントみたいな調子であるが、本気で子どもらを世の中から引き離すための企《たくら》みの一環なのだと分かると、とんでもない異常な空気が立ち上がってくる。

その後、物語は思春期に差し掛かった子どもたちが性に目覚めるといった事情と絡んでいよいよ異常さを加速させていくのであるが、そのあたりは実際に映画を観ていただくしかない。個人的にはまことに見事な映画と思うし、後味の悪さもマゾヒスティックな快感を伴っていると保証したい。

いくら自分たちの子どもであろうと、世間と接触させまいと嘘ばかりを吹き込み、そればかりか思考の道具でもある「言葉」を間違った意味と入れ替えて教えるという仕業は決して許されまい。両親は妄想に支配されてそのように振る舞っているわけだが、考えてみればこうした行為のミニチュア版はときとして普通の家庭でも行われているのではないか。そしてそれが災いして、家庭内暴力とか引きこもりなどに結実しているケースもあるのではないか。実にまあ気色が悪い話である。しかも〈海〉は〈革張りのアームチェア〉であり〈立っていないで、海に座ってゆっくり話しましょう〉といったフレーズが成立するといったあたりには、妙に詩的な雰囲気すら漂ってしまう。そこがなおさら気味が悪い。

この一家の中で流通している言葉の数々をそのまま辞書としてまとめたならば、それはまぎれもなくグロテスクな書物ということになるだろう。

遠くからだとハエのように見えるもの

アルゼンチン生まれの文学者ホルヘ・ルイス・ボルヘス（一八九九〜一九八六）は、エッセイ集『続・審問』に収められた「ジョン・ウィルキンズの分析言語」の中で、奇怪な百科事典について言及している。それは十九世紀のドイツの哲学者であるフランツ・クーンが紹介した古代中国の百科事典とのことで、『支那の慈悲深き知識の宝典』という。その中では動物は以下の（a）〜（n）のように分類されているというのだ。引用してみよう（『ボルヘス・エッセイ集』木村榮一編訳、平凡社ライブラリー）。

（a）皇帝に属するもの、（b）バルサム香で防腐処理したもの、（c）訓練されたもの、（d）乳離れしていない仔豚《こぶた》、（e）人魚、（f）架空のもの、（g）はぐれ犬、（h）上記の分類に含まれているもの《原文ママ》、（i）狂ったように震えているもの、（j）数え切れないもの、（k）ラクダの毛で作ったきわめて細い筆で描かれたもの、（l）など《エトセトラ》、（m）つぼを壊したばかりのもの、（n）遠くからだとハエのように見えるもの。

おそらく読者諸氏全員が、困惑するだろう。そもそもこれは分類体系とは認め難い。いったいどのような世界観がこのような区分を思いつかせるのか。〈人魚〉と〈架空のもの〉とが別項になっているということは、人魚は実在しているという前提なのだろう。わたしの飼っている悪戯猫は〈つぼを壊したばかりのもの〉に相当するのか。〈狂ったように震えているもの〉は何だか禍々しいし、〈遠くからだとハエのように見えるもの〉とは何であるのか？　蜂とか虻《あぶ》を指しているのか。ひょっとしたらウミガメとか大熊猫（パンダ）だったりするのではあるまいか（ハエだろうとウミガメだろうとパンダだろうと、うんと遠くから眺めれば点にしか見えないという意味では同一である。そうなると人間もハエも同じカテゴリーになるのかもしれない）。いずれにせよ、正常な精神とはほど遠い分類表だと思えてしまう。

古代中国の人間の目に映っていた世界が、わたしたちが捉える世界の感触とまるで違っていたであろうことは分かる。でもここまでギャップが生じるものなのか。むしろ人間以外の生き物による世界観を提示されたように感じられて絶句してしまう。

まあ『支那の慈悲深き知識の宝典』における動物の分類を見ても、目を背けたくはならないだろう。が、たじろがざるを得ない。しかも怖いもの見たさ的な感情は惹起される。そしてこのような世界観の人々がきちんと生活を営んでいたのかと思うと、慨嘆ないしは震撼させられる。さらに、この滅茶苦茶（のようにわたしたちには感じられる）な分類に対して、もしかしたら何か文学的な冗談ではないかと疑いたい気すら生じてくる。個人的には、この百科事典が通用している世の中は理解の範疇を超えている。もはや気味の悪さを通り越してグロテスクとしか思えないのである。

曖昧なもの

学生時代に、何かの本に「怪物とは分類不能な存在のことである」と書いてあって妙に納得した憶えがある。おそらくそのあとにもう少し緻密な展開があった筈だが、そちらは記憶に残っていない。分類不能なものは曖昧な存在でもあるわけで、なるほど曖昧なものを前にすれば居心地の悪い気分にさせられるのは無理からぬ話ということになる。

曖昧なものとしてわたしが真っ先に思い浮かべるのはマリア観音である。慶長《けいちょう》十八年(一六一三)以来二百五十年にわたって我が国はキリシタン禁制となったわけだが、隠れキリシタンたちは観音菩薩《かんのんぼさつ》像(慈母観音像)を聖母マリアに見立てて秘かに信仰を続けた。といった次第で仏教に属するのかカトリックに属するのか分からない「曖昧なもの」がすなわちマリア観音だ。実物を見てもべつに不気味とは感じないが、キリシタン弾圧の歴史を想像すれば、いささか辟易《へきえき》した気分も生じてくる。隠れキリシタンたちの切羽詰まった心情も分からないではないが、慈母観音に対して少しばかり失礼な気がしないでもない。

曖昧で、しかもグロテスクとなると、これはもう(わたしにとっては)擬態した昆虫が筆頭となる。ご存知のように、彼らは捕食されないように、あるいは自分が捕食しようとする相手に気づかれないように、自ら姿を偽装する。翅の色や模様を周囲に溶け込むように調整したり、花びらや小枝にそっくりな姿で生きていく。進化をさまざまな（突飛なものも含む）生存戦略の実現と捉えるならば、これもまた進化における徒花《あだばな》とでも言いたくなる。つまりそれなりの必然性と合理性とを備えた姿というわけだ。

でも、たとえば食虫性のカマキリの一種（マレーシアに棲息し蘭《らん》のピンクの花そっくりな色と形で息をひそめる **Hymenopus coronatus**、その仲間の **Hymenopus bicornis**、アフリカに棲息し自身を花そのものとして主張する **Idolum diabolicum** などの、あざといばかりの擬態ぶり！）を見ると、過剰とか逸脱といった言葉を想起せずにはいられない。過剰であるのは、その「そっくり」度である。そこまで凝るのか！　といった驚きでもある。逸脱と思うのは、もし捕食云々《うんぬん》のための必要性だけであるなら、たぶんここまで「そっくり」の必要性はなかろうと考えるからだ。たとえば誰かの似顔絵を描くとしたら、写真のように丹念に描き込むよりは、その顔の特徴を誇張してシンプルな線でさらりと描いたほうが、よほど効率的で無駄がない。擬態する昆虫たちは、そうした効率を無視して、ただもう「そっくり」であることに淫しているように感じられるのだ。

もしも昆虫たちが、必要性の範疇を超えて「そっくり」であることに淫しているとしたら、彼らはもはや昆虫ではあるまい。それは人間の感性であり欲望である。しかもかなり高度かつ微妙に狂気へ接近した感性であり欲望だ。

不気味の谷 uncanny valley という現象があるではないか。ロボットだとか動物だとかが、適度に人間らしさを連想させる側面（外見や仕草、態度など）を見せるとわたしたちはそこに親しみや好感、共感のみならずときには可愛らしさすら覚える。しかしあまりにも「人間そっくり」に近づき過ぎると、それは一転して気味の悪さや不快感、脅威や嫌悪に変わってしまう。そして擬態する昆虫たちは、その意志において不気味の谷めいたものを感じさせ、それがそのままグロテスクにつながるのだ。

いや、昆虫たちには意思なんかないと主張する向きもあるかもしれない。ならば、比喩的に申せば造物主が彼らを生み出したのだろう。造物主が、ときたまわたしたちも取り憑かれるような過剰で逸脱した欲望に駆られたのだろう。それもまたグロテスクな話である。なぜなら、おそらくわたしたち自身も同様に、過剰で逸脱して、いやそれどころか悪ふざけや邪悪な心によって生み出された奇形な存在かもしれないと思えてくるからだ。Hymenopus coronatus どころではない。カマキリよりもはるかにグロテスクだ。

食虫植物はどうであろうか。

植物のくせに、昆虫を捕らえて食べる。植物の静謐《せいひつ》さと、動物の獰猛さを兼ね備えている。油断がならない。俳人であり詩人でもあった伊丹公子《いたみきみこ》（一九二五〜二〇一四）の句に、

食虫植物垂れ温室のこわい秋

というのがあるが(句集『陶器天使』所収、牧羊社)、まったくその通りだ。虫を捕らえて消化するのは養分の乏しい土地で生育していくための苦肉の策であるのは見当がつくが、曖昧な存在となってまで生きることに拘泥するところが「あさましい」。人はいつまでも孤独な状態でいると、ときにとんでもないことを思いつくものだが、それに近い何かを感じさせて穏やかな気持ちではいられない。知己の少ないわたしも、いつしか食虫植物的な不穏さを発散しているのではないか。いずれにせよ、多かれ少なかれ食虫植物には存外に人間じみたグロテスクさが透けて見える。

妄想的なもの

寄生虫という言葉だけでもう、「キモい!」と叫びたくなる人は多いだろう。ある人は集合体恐怖的な文脈で寄生虫をイメージするかもしれないし、別な人は映画『エイリアン』的なイメージで嫌悪感を覚える。鮮魚からアニサキスが見つかったといった話の生々しさを思い出す人もいるだろうし、目黒の寄生虫館(以前、目黒駅の近くに住んでいたので何名かの物好きたちを案内した経験がある）に展示されている長さ八・八メートルのサナダムシを思い浮かべて戦慄する人もいそうだ。

たとえ宿主に害を与えなくとも、寄生虫は忌避したくなる。自分の体内のどこかに寄生虫がいることが判明したら、たちまち不快感に襲われるだろう。危険がないならペットみたいに名前をつけて一緒に生きていこう、なんて気にはなれない。ペットになり得ない理由のひとつは、体内に寄生するという習性を示した時点において人間とはまったく異なる生態の生き物であることが分かるからだ。あまりにも異質な生物に、わたしたちは本能的に警戒感を覚える。

そして何よりも重要なのは、自分に寄生している寄生虫の姿をわたしたちは原則として目にすることがないという事実だ。腹痛とか吐血とか、そういった間接的な症状や、ときには大便に寄生虫の卵が混ざっているとか、せいぜいそんな形で存在を知るだけだ。よほどの害が生じない限り、寄生虫が体内にいるかどうかは分からない。言い換えれば、「いるかもしれない」と疑いはじめたら、疑惑はいくらでも膨らんでいく。妄想じみていく。にょろにょろうようよと勝手に嫌なイメージを立ち上がらせて戦慄することになる。

ときには寄生虫が体外に出てくることもあるのかもしれない。だがそれを目にするのは、まことに気持ちが悪い。おそらく「本物」の寄生虫は、「想像上」の寄生虫と比べて「思ったほど大したことはないなあ」といった結果にはなるまい。サイズのみを考えても、予想以上に大きかったらうろたえるし、予想よりも小さかったとしてもそのぶん何か油断のならない不穏さを感じ取ってしまうのではないか。

「半七捕物帳」シリーズの作者として有名な岡本綺堂《おかもときどう》（一八七二〜一九三九）が「探偵夜話」という短篇のシリーズを書いており、その中に「蛔虫《かいちゅう》」（一九一八）という一篇がある。このタイトルは象徴的な意味合いなのかと思って読んでみたら、そのまま蛔虫が登場する話だったので仰天した。

時代設定は、作品の発表された大正時代である。「深田君」が女性を連れて向島の料理店兼旅館で夜を過ごしていた。残暑の九月である。事件は夜中に起こった。上州前橋の芸者・好子《よしこ》が、糸屋の婿養子である上原という男と深い仲になり、そのまま東京へと逐電してきた。持ち金が尽きたら心中するつもりで、深田君と同じ料理店兼旅館に泊まっていたのだが、その晩、上原は「突然に空《くう》をつかんでばったり倒れてしまった」。そのまま急死してしまったというのである。警察が来て、好子が殺したのではないかと疑う。だが死因がはっきりしない。

深田君が偶然にもその死因を突きとめてしまうのだけれど、以下に二箇所ばかり引用する部分（中公文庫『探偵夜話』より）は、グロ耐性のない読者は避けたほうが賢明だろう。その旨、ここに警告しておく。

……さうした悔恨《くやみ》に責められながら彼（引用者注・深田君のこと。偶然にも彼は事件前に好子と多少の会話を交わしたことから、もし彼女が殺人犯だったらそれを阻止できなかった自分にもいくらか責任があったかもしれないと悔やんでいたのである）はぼんやり起《た》ち上《あが》らうとすると、どうした機《はずみ》か彼は一方の蒲団の端につまづいて、足の爪先に蛇のやうなぬら〳〵したものを踏みつけた。時が時だけに彼はひやりとして、あわてゝ電燈の光に透《すか》しみると、それは蚯蚓《みみず》の太いやうなものであつた。上原の死体は曩《さき》に警察に運び去られてゐたが、その敷蒲団の下にこんな薄気味の悪い虫が潜んでゐたことを誰も発見しなかつたのであらう。深田君は身をかゞめて熟視《よくみ》ると、虫はもう死んでゐた。それは一尺ほどの蛔虫であつた。

こうして重要な証拠物件が発見されたわけだが、次は深田君が語る謎解きである。

「正《まさ》にさうだ。僕も毎々《まいまい》経験したことがあるが、蛔虫といふ奴は肛門《こうもん》から出るばかりぢゃない。咽喉の方からも出ることがある。僕も叔母《おば》の家《うち》へ遊びに行つてゐる時に、口から大きい奴を吐き出して皆《みん》なを驚かしたことがあつた。上原もその蛔虫に苦しめられてゐて、その晩も口から一匹吐き出した。つゞいてもう一匹出ようとする奴を、女の手前無理に嚥《の》み込まうとしたらしい。一旦出かゝつた虫は度を失つて、もとの食道へは帰らずに気管の方へ飛び込んで、それから肺へ潜り込んで、かれを窒息させてしまつたのだ。こんな例はまあ珍しい。最初《はじめ》に一匹吐き出したのを、女が早く見つけてゐたら、飛んだ冤罪《えんざい》を受けずとも済んだかも知れなかつたが、男がそつと隠してしまつたので些《ちつ》とも気が注《つ》かなかつたらしい。僕が提出した蛔虫が証拠となつて、結局その死体を解剖すると、気管の奥からも大きい蛔虫が発見されて、こゝに一切の疑問が解決されることになつたのだ……」

おそらくそんなこともあるのだろうが、それよりも蛔虫に対する嫌悪感の程度がわたしたちとは大きく違うところに驚かされる。現代に置き換えれば、彼らにとっての不快の程度はせいぜい水虫レベルではあるまいか。だから深田君の長台詞は「上原といふ男は可愛い女を置去りにして、蛔虫と一緒に死なうとは、その一刹那まで夢にも思つてゐなかつたらう。一寸先は闇の世の中……むかしの人は巧《うま》いことを云つたよ」という感慨で締め括られる。グロな死に方だなあ、などとは言わないのである。

それにしても、少なくとも現代の感覚で考えるならば、自分の口からいきなり全長三十センチメートルの蛔虫が吐き出されたらそれは悪夢が白日の下に曝されたというか妄想が顕在化したというか、とにかく「あってはならないもの」が目の前に立ち現れたという衝撃と恐怖を与えてくるだろう。人生観が変わってしまいそうな気すらするものの、およそ百年前にはちょっとした出来事のレベルであったらしい。少なくとも読者から大ブーイングが生じた、などといったことはなかった。グロテスクに対する感覚においていささか理解の範疇を超えていて、眩暈がしてくる。

さて「蛔虫」が発表された二十年後の一九三八年に、精神医学の領域では皮膚寄生虫妄想 Dermatozoenwahn と呼ばれる概念が提出された。『新版 精神医学事典』(弘文堂)から該当項目の一部を引用してみよう(項目執筆は小見山実)。「むずむずする、虫が刺す、かゆいなどの皮膚異常感覚が身体の多少とも広がりのある部分に出現するもので、患者は皮膚の中や下を虫がはいまわると感じ、寄生虫による皮膚疾患にかかったと確信する。そのため家中を消毒したり、皮膚を洗浄したり、あるいは皮膚の落屑《らくせつ》を検査して証拠としてあげたりする。しかし患者の思考はこのテーマ以外の事柄に関しては異常が認められない」。

初老期の婦人に見られがちとされているが、約十年前にもまさにこの症状の老婦人を診《み》たことがあった。実は彼女はそこから遡ること七年前に、軽度のうつ病でわたしが薬物治療を行ったことのある人物だった。うつ病は改善し落ち着いて過ごしていたが半年前から手や足に激しい痒みが出現した。自分なりに軟膏《なんこう》を塗っても治らない。夜間が特にひどい。ある晩ルーペで皮膚を拡大して眺めたら、毛穴に芥子粒《けしつぶ》みたいな虫が潜んでいるのが見えた。それどころか、薄い皮膚を透かして静脈の脇を同じような虫がいやにスムーズに移動していくのが見えたという。おそらく毛穴から体内に虫が侵入し、皮膚の内外から掻痒《そうよう》感を催させている。その旨を皮膚科に行って訴えたら、おざなりな検査をして「あなたが言うような虫だか寄生虫は存在しません」と断定され、ヒルドイド・クリームを処方されただけであった。いくつかの皮膚科を訪れたが、どこも似たような対応でまっとうに相手にしてくれない。婦人は絶望し、またしても「うつ」や不眠が生じ、そちらの症状で当方の外来に再び来たのだった。

彼女はわたしに対しても寄生虫——芥子粒のように小さく、色は濃い茶色で、形ははっきりとは確認できないがおそらくダニに近く、しかし静脈の脇を流れるように移動していった様子からは鰭や水かきのようなものを備えているかもしれないなどと想像も交えて妙に理屈っぽく語るのである。

話を丁寧に聴き、彼女の辛さをねぎらい、少量の薬剤（クエチアピン）を服薬してもらったら二ヶ月くらいでほぼ症状が消失して、薬の効き具合にこちらが驚いた経験がある。

毛穴を出入口にして体内に潜入するダニのような極小の、しかも鰭だか水かきを備えた寄生虫というのは西洋中世の医学書に添えられた怪しげな木版のイラストレーションを連想せずにはいられない。ホムンクルスとか錬金術とか不老不死の薬と同類に思えてくるのである。そうしたものが現代の日本において患者から語られる。グロテスクであると同時に、どこかファンタスティックな気分が生じてくる。

食人行為

グロテスクな営みとして容易に思いつくもののひとつに、食人行為があるだろう。カニバリズムというやつである。どれだけ嫌悪するかは人それぞれかもしれないが、食人行為を実行した人物と一緒に食事をするのは、たとえシーフードがメインのメニューであったとしても何となく抵抗がある。詩人の入沢康夫《いりさわやすお》（一九三一～二〇一八）が一九六九年に書いた詩に「声なき木鼠の唄の断片」というのがあって、単語を挙げてはそれに対するイメージや定義を一行で記すという方式で二十三の言葉の、いわば詩的小辞典を作り上げている。五番目に記されている単語は「喰人」である。

5　喰人
髪の毛が桃色の胃壁にいつまでも貼りついている。

ごもっとも、と言いたくなる。毛髪と桃色の胃壁の組み合わせが、露骨な不快感を見事に伝えてくる。それにしてもいったい食人行為のどこがわたしたちの神経を逆撫でしてくるのだろうか。三つのキーワードを挙げて考えてみたい。

ひとつは〈死体損壊〉である。食べるためには死者を切り刻み、ときには食材として煮たり焼いたりする。これは死者への敬意を欠く行為だろう。しかも食べられた死体は消化吸収を経て、大便として排泄《はいせつ》される。これもまた無礼な成り行きだろう。それだけではない。「肉」として誰かの死体を食べるとき、当人はそのなりふり構わぬ、しかも獰猛な振る舞いを以て、理性と分別を備えた人間であることから逸脱している。獣のレベルに退化してしまったかのように感じられてわたしたちを困惑させ、あるいは怯えさせる。

もうひとつは〈食べる理由〉である。極限状況において、仲間の遺体を食料としない限り誰も生き残れないとなったら、その場合に食人行為は（おそらく）緊急避難として許容されるだろう（実例としては、一九七二年に四十五名の乗員乗客を乗せた旅客機がアンデス山中に墜落、十六名の若者が遺体を食料に七十二日間を生き抜いた通称アンデスの聖餐《せいさん》事件など）。ただし食べるためにわざわざ殺害したのなら、世間からは容赦されまい。それは浅ましい行為であり、共食いと称されるべきだろう。

一九四三年十二月に北海道知床《しれとこ》岬沖合で徴用船が座礁、やっとのことで上陸した船長（二十九歳）と炊事係の青年（十八歳）の二名は、吹雪の中をどうにか番小屋まで辿り着く。が、体力が尽きて亡くなった青年を食べることで船長だけが生きながらえた。これは発覚して船長は裁判に掛けられ、死体損壊の罪で懲役一年の刑となった。裁判は戦時中に行われたこともあり、緊急避難というよりも日本帝国国民として卑怯《ひきょう》な行為であると見做されたようである。玉砕が奨励されるような風潮があったのだから、無理からぬ話なのかもしれない。食人については刑法に規定がなかったため罪を問われなかった。この事件をもとに作家の武田《たけだ》泰淳《たいじゅん》（一九一二〜一九七六）は一九五四年に小説「ひかりごけ」を書いているが、その中では船長が青年を殺して食べたということになっている。つまり共食いであった、と。そうでなければ小説としてのインパクトに欠けると考えたのだろう。

余談であるが、機械が壊れたときに同じタイプの別な機械（の残骸）から部品を流用して修理するのを「共食い整備 cannibalism maintenance」と呼ぶらしい。これを知ったときは、「ひかりごけ」を読んだときよりもよほどぞっとした。

一九八一年には通称パリ人肉事件が起きている。パリ第三大学大学院へ留学中の佐川一政《さがわいっせい》（一九四九〜二〇二二、当時三十二歳）が、知人のオランダ人留学生（女性）をカービン銃で射殺、屍姦《しかん》をしてから遺体の一部は生のまま食べ、さらに乳房などはフライパンで調理して食べ、残りをスーツケースに押し込んで遺棄しようとした猟奇事件である。犯人の佐川は劣等感（低身長、容姿、いまひとつの学歴等々）およびサディズム指向があり、さらにタブーを犯すことで自らを特別な人間（耽美的な文脈における悪魔的人物）へと格上げしたかったのではないかと思われる。狂気でもなければ切実な情況下でもなく、歪んだ自己肯定に近かったのではあるまいか。そのあたりは、パリから強制送還されて日本の精神科病院へ収容されたあと、たんなるパーソナリティー障害と判断されて退院したあとの不謹慎かつ自己愛に満ちた言動からも窺い知れる。

いずれにせよ、〈食べる理由〉から人間の心の闇や深淵が照射されることは案外少ない気がするのである。それゆえかえってチープなグロテスクさが強調される。

最後は〈個別性が失われる不快さ〉である。誰かを食べることによって、消化吸収を通じて食べる者と食べられた者とは融合してしまう。多少誇張して言うなら、二人の個別性の垣根が取り払われ一体化してしまうのである。臓器移植がポピュラーになりかけていた時期に、臓器提供者（ドナー）の思念や思考が臓器を通じて受容者（レシピエント）の精神に影響を与えるといったホラーがかった設定の娯楽小説をいくつか読んだ憶えがある。肉体に魂は遍在するといった発想なのだろうが、これは直感的には説得力がある。そうなると、食べられる者はその魂（の一部）を食べる者の内部に幽閉されてしまうことになる。これは不快そのものだろう。

以上、〈死体損壊〉〈食べる理由〉〈個別性が失われる不快さ〉のいずれにおいても、食人行為にはシリアスな場合もあれば悪趣味そのものといった場合もあるといった話になる。ただしグロテスクという括りから抜け出すことはないであろう。

自殺をめぐる二つの映画

サンフランシスコにある金門橋（ゴールデン・ゲート・ブリッジ）は、飛び降り自殺が多い建造物として世界的に知られている。一九三七年に完成、以来二、三週間に一人くらいの頻度で海面目指して六十七メートルの高さから自殺志願者が飛び込み続けている。助かる率は二%程度と推定され、たとえ助かっても大怪我は免れない。これほど多くの人間の命を奪っているわけだから「人食い橋」みたいなニックネームが付いていてもよさそうだと思って調べてみたが、意外にもそんな不真面目なネーミングはなされていないらしい。

『ブリッジ』というアメリカ映画がある。監督はエリック・スティール、本国では二〇〇六年に公開、翌年には日本でも封切られている。

ドキュメンタリー映画で、金門橋を一望する場所に望遠レンズを装着した四台のカメラを据え、夜明けの三十分前から日没の三十分後まで毎日、それを一年間、合計で一万時間以上に及ぶ映像を撮った。橋から飛び込んで死ぬ人を撮影するためである。合計二十四名の人々の最期を記録した。夜間に飛び込んだ人もいる筈だが、それは映っていない。

どことなく倫理的に問題のありそうな行為である。自殺の場面をカメラに収めようと待ち続けるのだから。ハゲタカみたいだと誹《そし》られそうだ。その点について監督によれば、柵を誰かが乗り越えたら直ちに管理局へ電話をするルールを設けていたという。それで助かった人もいるけれど、大概は間に合わなかったらしい。そしてこのような映画を制作する動機についてはいくつかあるものの、九・一一のテロ事件で、監督は炎と煙に包まれたビルから苦し紛れに飛び降りて死んだ人たちを実際に目撃し、その衝撃が大きく関与しているらしい。早い話が、投身する光景に取り憑かれてしまった。監督自身は「問題提起のために作った」と述べているが。

映画は飛び込み自殺をする場面のみならず、遺族や友人へのインタビュー、ときには生前の姿、あるいは金門橋周辺の日常などを織り交ぜて作られている。全体的にしっとりとしたトーンで作られており、色彩も原色が強調されるような撮り方はしていない。いわゆる「特ダネ！　飛び込み自殺の瞬間を撮った」的な下品さはない。えげつない効果音や扇情的な音楽も流れない。それゆえに余計、自殺の光景がリアルに迫ってくる。

映画が始まって間もなく、金門橋の歩道を行き交う人たちの姿が映し出される。地元の人もいれば観光客もいる。望遠レンズ越しゆえに、どこか普段の生活とは切り離されたように見える。動作も微妙に緩慢に感じられる。わたしは画面と向き合いながら、監督はおそらく冒頭に飛び込む場面を出して観客を映画の世界に引きずり込む算段であろうと予測している。そうなると、さて誰が柵を越えて海に飛び込むのだろうか。その人物はかなり唐突に自殺のアクションに移るのだろう。となれば自殺志願者を見つけ出すのは難しいだろう。いかにも飛び込みそうな人物を最初に提示してしまっては、この映画の文法にはそぐわない筈だ。

そのように考えると、「おや、もしかするとこの野球帽を被《かぶ》った男が飛び込むのかな。いや、あの肥《ふと》った水玉のワンピースの婦人のほうが意外性があるぞ。こちらの妙に背が高い男も、実は深い悩みを抱えてそうではないか」といった具合に〈自殺者探しゲーム〉にいつしかのめり込んでしまうのである（ゲームの対象者の中には、映画の最後になって遂に飛び込んでしまう人物もいた）。ふと気がつくと、自分は好奇心のみで他人の死をゲームの材料にしている。まことに嫌な気持ちにさせられる。まさにわたしがグロテスクな心の持ち主であることがあっさりと証明されてしまったのだから。これこそ監督の「思うツボ」ではないか。

案の定、予想とは違う人物が柵を乗り越え、やや躊躇《ためら》ってから空中に身を躍らせた。頭からではなく、足から飛び込んだ（映画全体を見ても、足から飛び込む人のほうが多い）。橋から離れた瞬間、まるで昔のマンガ映画の登場人物のように空中で足を交互に動かし、虚空を歩こうとしているかのように見えるのが滑稽だ。自殺の瞬間を撮影され公開されたうえに、滑稽だなどと思われて本人も可哀想だなあ、などと呑気《のんき》なことをつい考えてしまうあたりが、ますます自分がグロテスクな心の持ち主であることを裏書きしているように思えてくる。

老若男女、さまざまな人たちが自ら命を落としていく。撮影している側も、「お、この人物は飛び込むかも」などと勘が磨かれていったのではあるまいか。そして海に飛び込んでも、またかよと次第に飽きてきたのではあるまいか。遺族や友人のインタビューを見ると、やはり精神を病んでいたりパーソナリティーに偏りのある人物が死を選ぶケースが多いようであった。借金とか失恋とか、そういった理由は案外少ない。また家族病理を感じさせずにはいられないケースもあってげんなりさせられる。インタビューに応じた人たちは、まさにごく普通のアメリカ人で、その当たり前さ加減もまた後味が悪い。

こうした映画にストーリーは成立し難い筈だが、監督はひとつの「構造」を考案していた。九十三分という上映時間である。その点について、『キネマ旬報』二〇〇七年七月上旬号に掲載された映画評論家の大場《おおば》正明《まさあき》によるエリック監督へのインタビューから引用してみよう。

作業に取りかかった時には、どのようにひとつの形になっていくのかはっきりしていたわけではありません。ジーンという若者の死を目撃してから、作品の構造が見えてきました。彼は飛び降りるまで九十三分間、行ったり来たり、立ち止まったりしていました。そこで、ひとりの人間が自ら命を絶つまでの時間のなかに、他の人々の物語を重ねていくような構造になっていったのです。だから、映画のなかで私たちが最初に目撃する自殺者がジーンで、最後に目撃するのも彼で、尺も九十三分になっています。私にとって重要なのは、自殺にまつわる様々な体験を、プリズムのようにとらえて、観客に感じ取ってもらうことでした。

このように九十三分といった構造（考えようによっては、入れ子のような工夫である）を設定することで、監督はようやく自殺シーンの氾濫をひとつの形にまとめ上げることができた。ただし観客の多くはそんな構造には気づかない。いわば監督の心の平穏を担保するために設けられた構造である。おそらくそれがなければ、監督はグロテスクな心の持ち主としての自分をうまく処理することに収拾がつかなくなってしまったであろう。

ちなみにジーン・スプラーグは三十四歳独身、母と長く二人暮らしをしているニート青年であったが、母が亡くなってからは就職活動を試みていた。女性と付き合おうともしていたが関係性を結ぶのにはことごとく失敗していた。長髪にサングラス、黒い革ジャンにブラックジーンズ。ロックが好きだがミュージシャンにはなれない。体重は超過気味。知人のインタビューから推測するには、境界性パーソナリティー障害に近い人物像が浮かんでくる。ジーンは映画の最後で、橋の欄干に立ち、両手を大きく広げたまま後ろ向きに海へ墜ちて行った。間抜けな姿であり、彼なりの精一杯の「カッコつけ」に見えた。

もう一つ、別の映画についても語っておきたい。二〇一九年、東中野の「ポレポレ東中野」で自殺にまつわるドキュメンタリー映画が上映された。加瀬澤充《かせざわあつし》が監督・撮影・編集をした『牧師といのちの崖』という作品で、わたしは上映後に末井昭《すえいあきら》さんとスクリーンの前で対談をする予定になっていたが、何らかの都合により、当方ひとりで自殺について喋ったのだった。

この映画の舞台は和歌山県白浜町で、海沿いにある高さ五十メートルの断崖・三段壁《さんだんぺき》が観光名所として知られている。同時にこの断崖は自殺の名所でもある。飛び降り自殺をしようとする者に訴えるため、「いのちの電話」の立て看板がある。

この「いのちの電話」を運営しているのが、地元の教会の牧師である藤藪庸一《ふじやぶよういち》だ。彼は電話を受けるとすぐに断崖まで赴き、説得を試みる。帰る場所がない人には教会で共同生活を送らせ、生活を立て直す足掛かりとして弁当の宅配をする食堂で働かせる。彼らの悩みに耳を傾け、まことに献身的かつ熱心に彼らの再起を促していく。牧師といっても普段はラフな格好である。ラガーマンのような体格の男性で、奥さんもいる。宗教の押し売りはしない。

そんな藤藪の活動、共同生活を送る自殺未遂者たちの日々の様子が淡々と描かれていく。こんな性格じゃあ追い詰められるのも無理はないと思わせる人物、見事なまでに立ち直っていく人物など、その顔付きや言動と併せて人間観察の興味深さを観客は堪能する。

映画の後半からスポットライトを当てられるのは、森という青年である。断崖で死のうと思ったときの気持ちをしっかりと語ってみせるし、全体の雰囲気もこざっぱりしていて、彼は上手く社会復帰ができそうだ、前途有望そうだなと思わせる。ところが次第に彼には、浪費癖やルーズさ、要領の悪さや精神的な脆弱さが垣間見えてくる。いくら藤藪が助言しても、改善しない。森はいつも自分で自分を気まずい立場に追い込んで「いじける」というパターンを繰り返し、その挙げ句に自殺を考えたのであったが、またしてもそのパターンが再現されつつある。しかし周囲の理解によって森もどうにかバランスを保つ。

と、そんな様子が丁寧に描かれることで映画は終わる。観ていた当方としては、なるほど淡泊ではあるが、ささやかなドラマの起伏も織り込まれ、撮影した取材フィルムを編集して一本の映画とするにはまあこんなところなんだろうなと感じたのだった。

エンドロールが流れ、画面は真っ黒になる。音も消える。これで終了だと思ったら、いきなりスクリーンに藤藪の顔が大きく映し出された。テロップが流れ、取材の三年後、故郷へ戻り料理人となった森が縊死《いし》を遂げたという知らせが入ったという。牧師としてはまさに痛恨の極みである。悔しさと無力感に打ちひしがれた藤藪が、宗教者としての感慨を「あの」断崖を背景に訥々《とつとつ》と語るところで映画は本当に終わる。

観客席のわたしはショックを受けると同時に、これは監督にとって僥倖だったに違いないと（本気で）思った。もしも最後に付け加えられたエピソードがなかったら、この作品は良心的ではあれどもいささか線の細いものになってしまっただろうと考えたからだ。エリック監督が九十三分という「構造」を考え出すことで作品が成立したように、こちらの映画では自殺の一歩手前で踏みとどまった筈の青年が結局は別の方法で自殺してしまったという顛末を得たことで強い存在感を獲得できたのではないか。

観客たちが帰ったあと、わたしは廊下で監督に個人的に尋ねてみたのである。「あの人物が自殺を遂げてしまったことを知ったときには、ああこれで作品としての形が整った、と安堵したんじゃありませんか」と。失礼な上にゲスそのものの質問である。でもわたしは問いを投げ掛けずにはいられなかった。しかし監督は立腹することなく、そんなふうに思いたくなるのは無理もないでしょうが、別に安堵したりニンマリしたりすることはありませんでしたと誠実に答えてくれた。それでもわたしは執拗に本当にそうなのかと確認したのだった。自分が監督であったら間違いなく内心でニンマリしたに違いないからだ。

わたしは監督の返答が本当のものだったと思う。嘘をついている顔や態度ではなかった。

それゆえにわたしは自分を恥じた。おそらく監督はこちらのことをグロテスクな奴だなあと感じたに違いない。しかし仕方がない。確かめなかったら、当方は邪推を深め、なお一層グロテスクな人間になっていたであろうから。

イギリスの鉄道

いつ頃であったのか判然としないのだが、おそらく中学生だった時分に、テレビでギネスビールの広告が流れていた。グラスに盛り上がった泡が真上から眺めると丸い顔になっていて、その顔が喋る。ギネスは美味いとか、そんな台詞だったのだろう。この映像が気味悪くて仕方がなかった。ビールを飲む人は、つまりあの顔をずるずると飲み込んでしまうことになるだろうと思うと、なおさら不気味であった。

大学生になってから、あのギネスの「顔」が人面瘡《じんめんそう》に似ていることに気づいた。英国人にはそのような連想が働かないのだろうかと不思議に感じたりもした。

『きかんしゃトーマス』は一九八四年からイギリスでテレビ放映されるようになった子ども向け番組で（日本では一九九〇年から放映開始）、ご存知のように登場する蒸気機関車たちはボイラーの正面が丸い顔になっている。しばしばあれを気持ち悪いという人がいるけれど、ギネスビール同様に人面瘡仕様なのだから当然だろう。しかも当初は鉄道模型を使用した人形劇で制作されていたので（二〇〇八年の第十二シリーズまでが人形劇で、クラシックシリーズと呼ばれる）、顔が妙に生々しい。その悪趣味さ加減こそがかつてのトーマスの魅力であった。

さてクラシックシリーズの『きかんしゃトーマス』には、なかなかブラックなエピソードがいくつもあり、マニアたちの楽しみとなっている。そうしたエピソードのひとつが、鼻持ちならない蒸気機関車スマジャーの件である。

スマジャーはアメリカ生まれの小型機関車で、生意気なうえに性格が悪い。乱暴な走り方をしては事故を起こしてばかりいる。それなのに「ちょっとの脱線くらい誰も気にしないさ」と嘯《うそぶ》く始末だ。まさに傍若無人なのである。そんな態度がいつまでも通用する筈がない。ほどなく、支配人の堪忍袋の緒が切れた。スマジャーについての思い出を語る老機関車デュークの言葉を借りるなら、

「遂に支配人は奴を役に立つ物に変えると言った。それ以来、彼は笑わなくなった。／支配人は奴を発電機に変えたのさ。奴は機関庫の後ろに居る。もう二度と動けんよ」

支配人はスマジャーの車輪と運転台を取り外した。つまり、江戸川乱歩の短篇「芋虫」状態にしてしまった。ボイラーのみの姿になったスマジャーは、もはや身動きがとれない。機関庫の裏にあるゴミ収集所みたいな掘っ建て小屋に運ばれ、そこで発電機用のボイラーとし

てひっそりと「飼い殺し」にされることになったわけである。スマジャーは困惑したような、不満と悲しみとが混ざり合ったような表情で鎮座している。視線の向こうに線路が見え、かつての仲間たちが溌剌《はつらつ》と行き来する。その後スマジャーは鉱山に移されたが、故障してその生涯を終える。

車輪と運転台を失ったスマジャーは、まさに鉄の芋虫だ。思い上がった暴走機関車が、いきなり戦力外通告を受けるどころか芋虫にされ——そうやってすべての希望も未来も無惨に剝奪される。こうした経緯をへんに精密に作り込まれた人形劇で見せられると、心理の綾《あや》が妙に露わに際立ってきて気分が悪くなってくる。その気分の悪さこそが、クラシックシリーズの醍醐味《だいごみ》のひとつなのだ。

スマジャーの挿話は、おそらくグロテスクの範疇に収まるだろう。既に記したグロテスクの三要素に鑑みれば、無残で救いのない話なのだから〈①目を背けたくなる（しかし、しばしば目が釘付けになる）〉〈②そのようなものと一緒に自分はこの世界を生きていかねばならないのかと慨嘆したくなったり、震撼させられたりする〉——この二つは該当しそうだ。気になるのは〈③その異質さは、ときに滑稽さという文脈でしか受け入れられない〉という項目だろう。実際、これは愚か者が痛い目に遭った話であり、キツイお灸を据えられた滑稽譚と見ることだって可能だ。いや、無理にでもそう見なければこちらが落ち着かない気持ちのままになってしまいそうだ。

この機関車の運命を自分自身と重ね合わせて辟易する大人も案外いそうで、そのときに挿話は恐怖へと姿を変えるかもしれない。いずれにせよ、おぞましさの濃度が高い話である。

わたしはこのような物語が何食わぬ顔で日常にまぎれ込み、子どもや大人の不意を突いて凝然とさせる事態を好ましく思う。ときおり退屈な毎日がささやかなグロテスクや恐怖で脅かされたり変質することによって、わたしたちは生きることの意味を問い直す。そうであってこそ、まっとうな人生を歩めるというものだろう。

第六章　死と恐怖

死と死体

まだ小学校へ上がる前の頃、親戚の家に父親と行った。晩春の夕方であった。遠く血のつながった誰か（わたしはまったく会ったことがない）が亡くなったからである。癌であったという。病院で息を引き取った後に、自宅へ運ばれてきたところであった。二階の和室に蒲団が敷かれ、そこにその誰かが横たわっている。顔には白い布が被せられていて表情が見えない。露出しているのは胸の上で組み合わされた手だけで、体つきは掛け蒲団の盛り上がりから推測されるばかりである。かなり大柄の人物であった。男性である。

何人もの人々が遺体の周囲に黙って座っていた。わたしはそうした人たちの肩越しに、離れた位置から死者を目にしたに過ぎない。父は膝立ちで前に進み出て顔の布をめくり別れを告げていたようだが、わたしは遠くで座っていただけだ。

遠くからでも、遺体の異物感が強烈に感じられた。掛け布団の盛り上がり加減が、ちょっと度を過ぎているように感じられた。死者の沈黙が、明らかな嘘のように直感された。白い布で顔を隠しているのには、とんでもない理由が秘められているからのように思われた。いささか荒唐無稽な想像であるが、今にも遺体が起き上がり、野太い声で呻きながら人々を追い回しそうに思えて気味が悪くて仕方がなかった。とにかく死者は威圧的で、しかもどこか生きている人間のニセモノみたいな雰囲気がするなあと感じられて嫌な気分になった。大人になり医者となってからも、似たような感覚はわずかながらも残っている。すなわち、わたしにとって死者は常に違和感と異物感を発散させていて、それはかなり希釈された恐怖の感情そのもののように思えるのである。

俳人の尾崎放哉《おざきほうさい》が亡くなる直前の様子を、石川桂郎《いしかわけいろう》（一九〇九〜一九七五）が『俳人風狂列伝』（現在は中公文庫）に描いている。放哉は大正十五年（一九二六）、結核による衰弱のため、小豆島《しょうどしま》にある西光寺《さいこうじ》の庵《いおり》で死去する。近くに住むおシゲ婆さんが、見るに見かねて世話してくれていたのであったが、結核に加えて極貧による低栄養が彼の命を奪った。

四月七日、放哉はおシゲ婆さんに体を起こしてもらい、庭を眺めていたが、すぐに疲れたからとまた寝かせてもらった。しばらくしてから「婆さん、庭が見たいから起こしてくれ」とたのみ「寝かせてくれ」と言った。同じことをいくども繰り返す放哉の様子がいつもとちがっていた。やがて彼は「いま何時ごろか」とたずねた。庵に時計がないのでおシゲ婆さんは「もうじき電灯がつくころですよ」と答えたが、もう放哉の耳に婆さんの声がきこえなかった。みひらいた彼の眼に深い深い闇がみえているきりである。

夜八時半、彼はおシゲ婆さん夫婦に看《みと》られながら息を引きとった。

大空放哉居士　享年四十二。

この描写が、わたしには恐ろしくて仕方がない。「庭が見たいから起こしてくれ」「寝かせてくれ」を執拗かつ機械的に繰り返す放哉の姿は、もはや半分人間でなくなっている。半分が冥界に呑み込まれている。そうしてそのままずるずると夜の八時半には全身があちらの世界に入り込んでしまった。生きている人間が、ニセモノめいた死者へと変貌していく様子を見せつけられているようで怖いのだ。幼い頃に親戚宅の二階で目にした死者に通じる違和感や異物感が漂ってきて、自分の顔が青ざめていくのが分かる。

死者は恐ろしい。しかも生理的な不快感を伴う。あまりにも露骨でストレートな猥談を、深い敬意を抱いていた人間からねっとりとした口調で聞かされたときのような戸惑いが生じる。自分とはまったく無縁であると言い切れない気持ちの悪さが、伝わってくる。死者が自分の未来の姿であると思った途端に、鳥肌が立ってくる。

ところで死者は無遠慮な存在である。あられもなく死を具現化してわたしたちの感覚へ土足で踏み込んでくる。横柄で、有無を言わさず存在感を主張してくる。あんな粗野なものにはなりたくないと思うものの、それは避けられない。気持ちが萎えてくる。

どうしても土俗的なグロテスクさが、死者には多かれ少なかれ付随するような気がする。それはわたし自身、親の遺体を見たときも同様であった。しかしそのいっぽう、死者を死者たらしめている「死」には、むしろ神聖さや神秘性に近いものをも感じるのである。

死者は恐ろしいが、死も恐ろしい。ただしその恐ろしさには違いがある。前者には、威圧感やグロテスクさが濃厚だ。恐ろしいのは当然と思える。いっぽう後者には聖性だの超越性といった抽象的な要素が濃くないだろうか。いや、下世話さと宗教性とが縒《よ》り合わされたような独特の雰囲気だろうか。死にたいとか、死を賛美したがる人がいる。でもそんな彼らは、死体になりたいとは言わない。死と死体とは違うのだ。締めくくりとなる本章では、死について、死の恐ろしさについてわたしたちが抱く複雑な思いに関して考えてみたい。

死のイメージ

大概の人は死を恐れ、忌避するだろう。あまりにも悲惨な状況に置かれている人にとっては、もしかすると死が救いに思える場合もあるかもしれない。でもそれはやはりレアケースではないのか。あえて不治の病に対して抗わない人は多かろうが、だからといって死なんか怖くないといった話にはなるまい。恐ろしくはあっても、死を受け入れざるを得ない場合には潔くそれを受け入れるのがエレガントな態度だと考えているからだろう。

現代では、多くの人々は病院や施設で死を迎える。そうした場所では死の生々しさは薄められ、日常からは隔離され、わたしたちの生活とは別な文脈に移し換えられる。死のリアリティーは希薄化し、報道によってもたらされる他者の死や、映画や小説の中のドラマチックな死は、なおさら死に対する鈍感さを我々に植え付ける。食卓で肉を口にするとき、動物の死を連想する者は稀だろう。一枚のステーキも見知らぬ誰かの死も、どちらもリアルな死からは遠い。

だが家族や身近な人間の死は、やはりわたしたちに攻撃を加える。虚を衝《つ》くかのように、死にまつわる漆黒の想像力が喚起させられる。理念ではない死が、いきなり心を鷲掴みにする。恐怖が目を醒ます。

ではそのとき、いったい死の「何に対して」わたしたちは恐怖を覚えるのだろうか。この疑問に関しては、人それぞれ答えがかなり異なってくるようである。あるいは同じ人物でも年齢によって恐怖のポイントが違ってくるのではなかろうか。

スティーヴン・キングのホラー小説『IT（イット）』（小尾芙佐訳、全四巻、文春文庫）は一九九〇年と二〇一七年の二度にわたって映画化された人気作であるが、この作品の設定はまことに巧妙である。すなわち、ある人物にとってもっとも恐ろしいものの姿をとることのできる可変的な存在が、主人公たちを脅かすITそのものなのである。考えようによってはずいぶんずるい設定であるけれども、たとえばわたしにとってはITが巨大な甲殻類の姿で、別な人間には赤い舌をちろちろと動かす蛇の姿に見え、さらに別な人間にはDVが著しかった父親の姿として登場するというのは、なるほどクレバーな発想ではある。

おそらく死という事象もまた、ITに近い性質を帯びているのではないだろうか。ある人にとって死は愛する人たちやこの世界と永遠に別れを告げねばならない悲しみそのものを意味しているのだろう。自分に与えられていたであろうチャンスや可能性が遂に無へ帰してしまうことに、無念さを心底感じる人もいよう。死者の無惨な姿や白骨のおぞましさを想起して恐怖する人もいるだろうし（つまり死と死体をまったくイコールに捉えている）、幼い頃に見せられた地獄絵や閻魔《えんま》大王をストレートに連想して震撼する人もいるだろう。世の中から自分が忘れ去られることに戦慄する人もいるし、無や空虚といった哲学的な状況に直面することにたじろぐ人もいるに違いない。

死はわたしたちの日常に遍在している。でも日々の生活でそれは壁紙の幾何学模様程度の意味しか備えていない。それなのに死はある日突然、不可解さと臆面の無さの双方を携えて目の前に立ちはだかるのだ。もっとも、わたしたちは果たして目前の死の恐ろしさをきちんと認識できるものなのか。詩人の粒来哲蔵《つぶらいてつぞう》（一九二八～二〇一七）に「日の影」（詩集『笑い月』所収、書肆山田）という作品があって、六つの断章から成っている。その二番目をここに引用してみよう。

古井戸に猫が落ちた時、おれは誰よりも早く救済の手を差しのべた。綱を結んだ桶が下ろされ、綱の端をおれは握った。しかし猫は桶に乗らなかったのみならず、溺れる寸前まで必死に桶を蹴っていた。つまり彼は迫り来る死の恐怖よりもなお大きい桶の形の恐怖に抗っていたに違いない。

永遠について（1）

死はなぜ恐ろしいのか。そこを考察するために、死には三つの要素が備わっていて、それらがわたしたちを脅かすのではないかと想定してみる。すなわち、

①永遠。
②未知。
③不可逆。

——この三要素である。順次検討してみよう。

まず〈永遠〉について。死後の世界は（おそらく）永遠と同義である。死んだ者は二度と戻ってこない。わたしたち生者は有限の世界に住み、死者は永遠の世界に住む。もしも死後が悲しみや孤独や苦痛に支配されていたら、それは終わることなく永久に続くわけである。想像しただけでぞっとする。

わたしは現在、地下鉄・日比谷線を使い、北千住より先はそのまま直通の東武スカイツリーラインで病院まで通勤している。方向としては都心から離れるわけで、おかげで電車は空いている。

北千住から次の駅である小菅《こすげ》に着くまでには、荒川に架けられた鉄橋を渡る（わたしが下車する駅は小菅よりももっと先だ）。季節によってはちょうど朝日が昇り始めた瞬間に鉄橋を渡るので、真横からみずみずしい光を浴びて、何となく神々しいような「大いなる気持ち」にさせられる。

さて鉄橋に差し掛かる前に線路は微妙にカーブを描き、その関係からなのか電車は左に傾く。そのため河川敷に至る手前の町並みを、高架の上から覗き込む形になる。左側の窓いっぱいに、町並みが鳥瞰図《ちょうかんず》のように見て取れるのだ。しかも小さな寺と、それに付随した墓地がはっきりと眺められる。せいぜい五十メートルプール程度の広さの墓地だが、そこには古びた墓石がごちゃごちゃと並び、朝日の加減なのかどれも青黒く見える。卒塔婆《そとば》はいずれも汚れたように黒ずみ、いくぶん傾きつつも墓石の隙間にこれまたびっしりと突き刺さっている。その光景には永遠が充満している筈なのに、いまひとつ世俗的な雰囲気から遠ざかっていないのが不思議だ。

比較的最近も、荒川は台風で決壊しかけたのではないだろうか。実際、いかにも大雨で簡単に水が溢れそうな地勢なのである。そして、もしも決壊したら、あの墓地はたちまち水没してしまうだろう。何十本ものアイスキャンディーのスティックをばら撒《ま》いたように、地面から抜けた卒塔婆がぷかぷかと濁った水面に浮かぶ光景が容易に想像される。

墓の下で死者たちは、先祖とともに永遠の眠りに就いていたに違いない。まさに永久不変の世界に属していたことだろう。それなのに、川が決壊すれば、無粋にも彼らの安寧はいとも簡単に乱されてしまう。俗世界で生じた災害が、ずかずかと死者の世界へ踏み込んで「永遠」をないがしろにする（いや、死者はもはや俗世界を離脱しているのだからそのような言い方は間違いだろう。だが実際にはそのようにドライに割り切れないところに、われわれの死に対する思いの複雑さがある）。

死は永遠と結びつくことで、恐ろしくはあっても形而上《けいじじょう》的で聖なるものとなる。けれども川沿いの墓地を眺めるたびに、永遠というものも案外脆弱なものだと思ったりしてしまう。大雨による川の増水と決壊で、あっさりと形而上も聖性も押し流されてしまうのだ。と、そのような感情移入に満ちた感想の中には、どこか永遠が帯びている峻厳《しゅんげん》さを突き崩すことで安心感を覚えたがっているような気配がある。おそらくわたしはそうした気配を、ある種の救いに近いとさえ考えているのだ。

永遠について(2)

詩人の清岡卓行《きよおかたかゆき》(一九二二〜二〇〇六)の作品に、「冬至の落日」がある。二〇〇二年の詩集『一瞬』(思潮社)に収録されており、清岡にとって事実上最後の詩集である(没年に『ひさしぶりのバッハ』が同じく思潮社から刊行されているがこれは拾遺詩集)。

この「冬至の落日」には、清岡が詩を書き上げるためにどうしても必要な単語が思いつかず、冬至の夕方に、低木の植えられた自宅(多摩湖の近く)の庭を所在なく歩き回っていたときの奇跡的、あるいは不思議な体験が描かれている。

それは多くの偶然が重なって
奇蹟のように現われた一瞬の美であった。

驚きのなかに
わたしは茫然と立っていた。

隣りの家やすぐ近くの公園などに
植えられている落葉樹の隙間や
設けられているフェンスの隙間
それらがいくつもいくつも
なぜかじつにうまく重なって
小さな太陽が燦然《さんぜん》と輝く
西の果てまで見せていたのだ。

さらにいえば
この家に住んで二十数年
わたしが冬至の日没のときに
この庭のこの位置に立つということも
初めてであった。

巨大な都市のはずれにおける
ささやかな暮らしのなかの
貧しげな庭の片隅
そこにこんな
永遠が隠されていたとは。

たまたま庭に立っていたら、まさにその位置だと樹木やフェンス、もちろん家屋やビルなどにまったく遮られることなく、ひたすらまっすぐ一直線に地平線の彼方まで――すなわち遥か無限遠の向こうに冬の太陽が沈んでいくのが、紛《まご》うことなく見えたというわけだ。少しでも位置がずれたら、何か遮るものが立ちはだかってしまう。でもその位置ならば、信じ難いことだが永遠を見通してしまえる！　そこに詩人は驚愕した。「そこにこんな／永遠が隠されていたとは」と口にせずにはいられなかった。
この奇蹟に近い体験が契機となって、彼は詩のために探していた言葉を首尾良く思いつく。そのことはともかくとして、見慣れて退屈な筈の庭（つまり日常そのもの）の中に永遠が隠されていたことを詩人は書き留めずにはいられなかったのである。

日常の中から、不意を突くように永遠が姿を見せる。そこに詩的な感動を覚えることもあれば、畏怖に近いものを覚えることもある。後者は、往々にして死にまつわるケースではないだろうか。

わたしは仕事柄、死とか屍体にはあまり心を揺さぶられない。鈍感モードに精神が調整されている。にもかかわらず、ふと屍体がものすごく不気味に思えるときがある。そんな際には、どうやら二つの相反するイメージが頭の中で拮抗《きっこう》しているようだ。ひとつには、屍体は放置しておけば腐ったり嫌な臭いを発したりするような（しかも姿はグロテスクそのものへと変化していく）きわめて厄介で生々しい存在であるという認識。もうひとつは、屍体は今や死という永遠性を獲得しており、その意味で現実を超え理解の及ばぬ存在（おそらく聖なる存在）であるという認識。この双方がどうにもしっくりと折り合いかねるままに、わたしは当惑半分に気味の悪さや恐ろしさに絡め取られていく。

屍体の放つ「おぞましさ」は、日常に潜む永遠といったものに由来している要素が顕著なのだ。まるで自宅の庭に、「本当に」地球の中心に達する小さくて真っ直ぐな穴を発見してしまったかのように。そのときわたしは遺体から詩的感興など覚えず、ただ恐怖に近いものを感じ取っているだろう。

永遠について（3）

今度は俳句を紹介しよう。俳人の髙柳克弘《たかやなぎかつひろ》が二十歳頃に詠んだ一句である（『未踏』所収、ふらんす堂）。

ことごとく未踏なりけり冬の星

これに出会ったときは、息を呑んだ。すごい句だ、しかも二十歳前後の若者がこれを作ったのかと驚嘆した。いや、同時に恐怖のイメージそのものすら感じたのだった。

冬の夜に視線を頭上に向ければ、満天の星が冷たく輝いている。数知れない恒星と惑星たち。わたしたちが生きているあいだには、太陽系の外にある惑星に人類が辿り着くことは不可能に違いない。いや、人類が滅びないうちに到達することすら困難だろう。地球上ならば、手段さえ選ばなければ未踏の地はもはやあり得ないかもしれない。だが頭上の星々はことごとく降り立つことが不可能なのだ。永遠に未踏のままなのだ。

そうしたあからさまな事実を反芻しても、そこでむしろ反発心や英気を漲らせるのが若さというものだろう。イメージの飛躍とともに、ある種の力強い気負いがこの一句からは明確に伝わってくる。だがわたしがこの句を知ったのは既に六十代に入っていた時期であった。

老いや死がリアルなものとして感じられてくる人生の季節において、高柳の句はどのように響いたか。あまりにも遠い(そして美しい)星たち、広大で虚無そのものの宇宙空間、到達することの不可能性、未踏という単語がもたらす妙な具体性と絶対的な無力感――それらが、強烈な自己否定として自覚されたのだった。それはむしろ恐怖に近く、永遠がもたらす畏怖の感情へとダイレクトにつながっていた。

わずか十七音でこれだけ精神を揺り動かしてくるところに、わたしはうろたえざるを得なかったのである。

それにしても永遠というものは、実は日常にいくらでも転がっている。たとえば循環小数や円周率。それらは分数やπといった形で簡易かつコンパクトに表現されてしまうところにうっすらと虚脱感が生じる。壁紙やタイルの模様は、決して終わることのない反復を繰り返す。マトリョーシカ的なもの、フラクタル的なものだって珍しくない。オルゴールの奏でるメロディーも、円環構造という点では永遠性を孕んでいる。だが通常において、わたしたちは日常に潜む永遠性に打ちのめされることはない。些細なきっかけ、奇襲のような契機によってそれらが活性化されない限りは。

うかうかと永遠性に精神が反応してしまったら、そこで死と直面したときに類似した戦慄が生じる可能性は大いにあるだろう。日々の生活は油断がならない。

イギリスの海岸に、手紙の入ったガラス瓶が流れ着いたという記事を新聞で読んだ記憶がある。それだけなら報道するほどの価値はない。二十年ほど前に、その海岸から当該のガラス瓶を海に投じた人物がいたというのだ（発見された場所から、五百メートルばかり離れていた所から投げ込んだらしい）。つまり、瓶はイギリスの海岸から海に投げ込まれ、長い年月を掛けて海の向こうに漂着したものの誰にも気づかれず、やがてまた波に揺られてイギリスに戻ってきたらしい。

ということは、英国側で誰にも発見してもらえなかったら、この手紙入りのガラス瓶はまたしても大洋を横切る旅に出てしまう。さまよえるオランダ人さながら、永遠に広大な海の往復を繰り返すことになるだろう。いや、発見された時点で既に何往復もしていたのかもしれない。それを知ったときにも、ささやかながら恐怖と異様さの混ざり合った気分が生じたものであった。

永久機関は、熱力学の法則からそれが不可能な発明であると立証されている。しかし子どもの頃に読んだ雑誌には、何世紀も前にヨーロッパで本当に永久機関が発明され、それは今現在も、古城の奥にある薄暗い実験室で秘かに動き続けていると書かれていた。その記事はわたしの心を揺さぶった。「やはり永久機関は実在したのだ」という不思議な高揚感と、永遠が誰かの手によって生み出されたという感慨が、胸苦しくなるような感情をもたらした。

そこには死の克服──不老不死の方法が発見されたというニュースでも耳にしたかのような異様な気分が伴っていた。

一九七七年九月五日に、アメリカの無人宇宙探査機ボイジャー一号は打ち上げられた。太陽系の惑星を近くから次々に撮影し、さまざまなデータを計測・収集して地球へ送信しながらひたすら飛び続けた。三十五年後の二〇一二年には、遂に太陽圏外へと抜け出た。続いてボイジャー二号も二〇一八年に太陽圏外に達し、今や両機は異なる方向へ、現在も秒速十五キロ以上で恒星間宇宙をまっしぐらに飛行している。

未踏の惑星の近くを通りすぎることもあるだろう。彗星《すいせい》や赤色矮星《せきしょくわいせい》、ブラックホールなどの脇を掠《かす》めることもあるかもしれない。だがその頃にはもう、搭載した原子力電池のエネルギーも尽き、地球との交信は距離的にも不可能になっているだろう。それでも慣性によって探査機は孤独に飛び続ける。どうやら物理学的にボイジャーは銀河系宇宙からは脱出ができないらしく、天文学的な年数を経てから、古びた無人宇宙探査機は出発点へ戻ってくるらしい。もちろんそのときには、おそらく地球そのものは存在していない。人類の繁栄を示すものは跡形もなく消え去っている。そしてボイジャーは寂しげに再び遠ざかっていく。地中に埋葬された死者たちが地球ごと消滅してもなお、「永遠」は継続していく。

不老不死

死に対する恐怖が嵩じると、人は不老不死を願うことになるのだろうか。いや、不老不死は死を拒むだけではなく、老いをも受け入れようとしない。永遠に若さを保つことができれば、死も歩み寄ることが不可能になる、といった能天気な理屈のように思える。つまり、死への恐怖もさることながら、若いからこそ享受可能な喜びや楽しみを果てしなく味わいたいということだろう。卑俗な欲望、俗世間への浅ましい執着そのものである。

しかし永遠の若さと不死を手に入れられたら、それは本当に喜びとなるのだろうか。不老不死に関する暗黙の了解として、当人以外は誰も老いと死を避けられない。物質もまた年月を重ねれば劣化し朽ちていく。当人「だけ」が時間を超越して存在し続けるという前提が成立している筈だ。言い換えれば、当人の前で家族も友人も恋人も次々に老いて亡くなっていく。付き合う人間は交替していけども、彼らはいずれも老いに呑み込まれ冷たい土に戻っていく。ひたすらそれが繰り返される。そんな状況にあって、自分だけが老いや死と無縁でいられることを幸福と思えるだろうか。

おそらく、通常の精神の持ち主ならば、不老不死という不自然な存在であることには耐えきれなくなりそうな気がするのである。親しかった人、馴染みの動物や事物はいずれも地上から消え失せていく。不老不死であるというよりは、単に現世に取り残されているだけのように感じられてくるのではあるまいか。少なくとも、虚無感や寂しさが心を侵食してくるのではないか。それがエスカレートし、生きていくことを恐れるようになり、遅かれ早かれ自ら死を願うようになりそうな気がしてならない。

最終的には、不老不死であることは究極の孤独感と同義になると思うのである。そもそも永遠という言葉には、それが現実を超越しているといった意味において「孤独」なトーンが付随しがちだ。となれば、「永遠」を介して、死も不老不死も孤独の苦しみにリンクしてしまう。それどころか、どちらも苦痛の源として恐怖の対象に位置づけられるだろう。書いているだけで嫌な気分になってくる。

では誰もが不老不死になれば、孤独感の件は解決するのではないか。

天国や極楽は、あえて奇妙な言い方をしてみるならば、「死ぬことによってやっと獲得できた不老不死という安定状態」を多くの善男善女たちと一緒に分かち合い、味わい、ゆったりと暮らしていく世界なのかもしれない。ここならば孤独とは無縁でいられる。死の恐怖もない。穏やかで平和だ。ただし退屈そうだ。竜宮城のエロい世界のほうがわたしは好みだけれど、こちらには玉手箱という罠が待っている。おそらく抜け道はない。

どのように振る舞っても救いなんかなさそうで、うんざりしてくる。

輪廻転生《りんねてんしょう》は老いや死の恐怖、孤独への恐れをクリアするためのなかなか賢いアイデアだと思う。だがそんなシステムが実際に稼働している証拠などない。既視感《デジャ・ヴュ》の存在を以て証拠だと言い立てるほどお目出度《めでた》くはなれない。仮に転生輪廻が本当にあったとしても、ときにはそのシステムから弾《はじ》き出されてしまう場合もあるのではないか。そんなことを想像すると、余計に恐ろしくなる。

未知

作家・星新一の評伝である『星新一——一〇〇一話をつくった人』(最相葉月、上下巻、新潮文庫)には、下巻の末尾に詳しい年譜が添えてある。そこを見ていたら、本文には触れられていなかった星の最期が記してあった。

一九九六年四月四日に星は自宅で倒れ(口腔癌を患っていた)大学病院に搬送され、肺炎を併発していたため人工呼吸器が装着された。いったんは回復しかけたものの、同月の二十二日に酸素マスクが外れて呼吸停止状態となり、人工呼吸器を再装着したが意識は戻らず、結局一年八ヵ月のあいだ意識不明のまま、一九九七年十二月三十日に死去したというのである。享年七十一。

この事実を知ったとき、わたしは悲しいような恐ろしいような不思議な気持ちに囚われたのだった。あの突飛な想像力に満ちた彼の脳は、二十ヵ月を経て徐々に活動を停止した。その期間、脳はどのように変容していったのだろうか。まるで砂糖菓子が溶け崩れるように脳は機能を失っていったのか。精神は虚空を飛ぶボイジャーのように現世から遠ざかっていったのか。脳において、生と死との境界線は存在したのか。ある特定の時点で、彼の脳内は、さながら冬至の夕方の清岡卓行の庭みたいに永遠へとダイレクトにつながっていたのか。さもなければ、深い深い闇を見つめている大正十五年四月七日黄昏《たそがれ》どきの尾崎放哉のようになっていたのか。

星は膨大な作品群を書くことによって、思いもよらないこの世界の仕組み、誰も描き出せなかった未来を次々に現前させてきた。そんな彼の「並外れた」脳が、死後という未知の世界を覗き込めるという奇跡的な状態に（一時的にでも）達していたのかもしれないのだ。それは星の全作品に対する造物主からの「労《ねぎら》い」であるかのようにも思えて、わたしは眩暈に近い感情を覚えてしまうのである。

いったい、死後の世界はどうなっているのか。あるいは空虚そのものなのか。さても「死後の世界」は認識可能なのか。私小説作家の藤枝静男《ふじえだしずお》（一九〇七～一九九三）が『寓目愚談』（講談社）という随筆集を出しているが、その「あとがき」にこんなことを書いている。

最近比較的簡単で危険のない開腹手術をするにつき全身麻酔でやってもらった。これは医者の癖に器機のガチャガチャいう音を聞くのが嫌だということもあるが、半分は好奇心で、死というものが実際にはどういう状態なのか経験しておきたかったことと、無意識になったとき自分がどんな恥ずべき譫言《うわごと》を言うかを識《し》っておきたかったためでもあった。結果は、これまで何とはなしに死と生とを或る形で隣りあわせに並べて両方を実在的に考えていたのは間違いで、実在するのは生だけで、死は単なる非実在——真空、つまりあらゆる点で何にもなしということだと実感できたのは有難かった。譫言の方は残念ながら、というよりは幸運なことには手術中も手術後もウンともスンとも言わなかったので意識下に蟠踞《ばんきょ》する慾望《よくぼう》を曝露《ばくろ》する醜状をまぬがれた。

藤枝は胆嚢《たんのう》の摘出手術を受けたのであった。その際の全身麻酔が、死に限りなく近づく体験であると彼は考えた。確かにそうだろう。そして死は何か具体的な経験ではなく、空っぽそのもののようだと実感した。

同じ黒でも、黒い絵の具を塗っただけとしか思えぬ黒もあれば、途方もない無を覗き込んでいるように感じられる黒もある。同じ闇でも、たんに視界が遮られているようにしか感じられない闇もあれば、自分の存在そのものが脅かされているようにすら感じさせられる闇もある。おそらく藤枝は、何か虚無そのものに近い圧倒的な感覚を麻酔下で味わったのだろう。

わたしは胃カメラをどうしても喉の奥に入れられず（嘔吐反射が強過ぎるのだ）、ジアゼパムの静脈注射で眠っているあいだに検査をしてもらったことがある（手術は今まで受けたことがない）。短時間だが相当に深い眠りで、真っ暗というかビロードのような黒に包まれている感じであった。それ以上は何も感じたり考えたりすることもなく、おかしな表現だけれど「生暖かい虚無」を通過したような気がした。ついでに申せば、生暖かいということではあっても胎内とか羊水に浮いてとか、そういったフロイトっぽい連想とは異なるようであった。たぶん死はわたしの麻酔体験をもっとずっとディープにしたものだろうが、それを前提に、死は虚無そのものだろうといった予想はつくのである。

ところで勝呂奏《すぐろすすむ》の『評伝藤枝静男　或る私小説家の流儀』（桜美林大学出版会）を読んでいたら、右に紹介した箇所と同じ部分が引用され、「〈譫言〉云々は半ば戯《ざ》れ言《ごと》であろうが、藤枝は〈全身麻酔〉に〈死〉の擬似体験を目論み、その結果〈実在するのは生だけで、死は単なる非実在——真空〉という認識を得たという。これに従うなら、以後は死については既知のことになるが、だからと言ってこれで大悟できたわけではない。藤枝はこの後も繰り返し、〈実在〉する〈生〉の側から、〈非実在〉の〈死〉を思うことになる」と述べている。実際、藤枝静男は、死とは真空で虚無なりと思い定めて以後の小説に大きな変化が生じたなんてことにはなっていない。やはり死は未知であり、分かったようで決して分からない。

宇宙の果てを壁のようなものと想像する人には、たぶん宇宙の果てなど理解できまい。そこは既成の概念では捉えきれない場所であり、だから「壁の向こうには何があるのか」といった疑問も意味を成さない。死後の世界はそのように想像を超えた世界であるような気がしているが、だからといってそれは机上の空論ではない。わたしの両親も、何名かの友人も実際にその世界へ旅立ってしまったのだから。そんなふうに抽象と具体とが妙にリアルに混ざり合ってしまっているところが、薄気味悪い。恐ろしい。

もっとも、もしも絵に描いたような地獄・極楽が明確にあるなどと判明したら、生きる意味とはせいぜい死後へ向けての待機や準備といったものでしかなくなるかもしれない。そうなったら世の中はどんなふうに変わるのか。それはそれで何だか薄気味悪い。

不可逆

死んでしまったら、もはや生き返れない。肉体は冷たい骸《むくろ》と化し、やがて灰になったり骨となったりミイラになる。腐ったり咀嚼されて土や植物や動物の一部になるかもしれない。そのとき精神は無に帰しているのか。それとも別世界や生まれ変わりのサイクルに移動して、新規まき直しとなるのか。一切は死んでみなければ分からない。いずれにせよ、それまでの馴染み深い人生からは引き離され、後戻りは決してできない。得体の知れない何かが待っている。そんな状況を恐ろしく思うのは当たり前だ。

死後はまったく予想がつかない。だが、どうなるのか気になって仕方がないのなら、いっそ死んでみればいいのである。遅かれ早かれ誰もが死ぬのだから。その気になれば、五分以内に死ぬ方法はいくらでもある。つまり五分後には答えは判明しているだろう。

ただし、判明しても既にその時点でこの世に戻っては来られない。五分前から切れ目なく連続している今の世界とは、永遠に別れを告げることになる。自らの死は燐寸《マッチ》やライターを使わずに火を起こすよりもはるかに容易に実現できる事象であると同時に、不可逆性といった点において「取り返しのつかない」ヘビーきわまりない事象でもある。あまりにもかけ離れたそれらふたつの性質をそっくりそのまま内包しているがために、わたしには死が常にわたしたちに早合点や独り合点、思い違いや錯覚を起こさせるべく手ぐすねを引いて待っているように思えてしまう。死を擬人化してみるならば、それは妙にフレンドリーで弁舌爽やかな詐欺師みたいな人物のような気がする。それがかえって恐ろしさを倍増させる。

一九六八年に高井有一（一九三二〜二〇一六）が発表した「草の色」という短篇がある（『谷間の道』所収、文藝春秋）。高校三年の頃の思い出という体裁で、クラスメイトであり苦学生かつ優等生であった竹繁忠男なる青年のことが語られる。

冬の夕刻、受験に備えて多くの学生たちが図書館に集まっていた。集まっても勉強には集中できず、何となくだらだらしている学生たちの様子は今も昔も変わらない。そんな図書館に居合わせた竹繁が、前触れもなく急死してしまったのである。新聞配達で家計を助けつつ勉学に励んでいた彼は、若く頑強な筈であった。にもかかわらず、いとも簡単に頓死した。周囲は呆気に取られるばかりである。医療関係者の到着を待つあいだ、竹繁の遺体はさし当たって談話室に運ばれ、テーブルの上に横たえられたらしい。語り手である「私」とその仲間は、そんな遺体を確かめに行く。


「死んぢまったのか」

「早く医者を呼べばいいのに」

などと彼等は口々に言つたが、何《いず》れも声をひそめてゐた。昼間でも鈍く黄色い電燈の点《とも》つてゐる廊下に、奇妙な静けさが満ち、リノリウム張りの床から寒さが忍んで来た。私たちは、肩を寄せ合ひながら、跫音《あしおと》を殺して、談話室の方へ進んだ。扉を開け、衝立《ついたて》の蔭《かげ》から覗くと、中央の大きな卓の上に、竹繁が入口に足を向けて寝かされてゐた。灰色の靴下を穿《は》いた蹠《あしうら》が、指を天井に向けて突立つてゐた。だが、私がそれを見たのは、一瞬の事に過ぎない。染谷老人が甲高い険しい声を張上げた。

「入つて来ちやいけない。非常識な事をするな」

横たえられた遺体について、「灰色の靴下を穿いた蹠が、指を天井に向けて突立ってゐた」と簡潔に描写されている。ありありと目に浮かぶようだ。それにしてもこの素っ気ない書きぶりはどうだろう。こちらに足を向け、仰向けに遺体が横たえられていたがゆえに、灰色の靴下を穿いた足の裏が見えた。しかもつま先は天井を指差すかのように直立していた。と、それだけが描き出されている。だがこの冷徹な書き方により、ついさっきまで生きていた青年が今や冷たい物質に化してしまったことが明確に伝わってくる。もはや竹繁がこの現実へ引き返してくる可能性はない。いくらつま先が天井を指差していようと、そこに意味はない。意味のなさこそが死を裏づける。困惑と恐ろしさとが広がってくる。

呆気ない死について、わたしの体験も記しておく。

医学部に入って間もない頃、学生六人ずつでグループを作り生理学の実験を行うことになった。グループ毎《ごと》にウサギを一羽ずつ割り当てられた。このウサギの食道にカテーテルを差し込んで実験を行う。

ところが失敗が起きた。カテーテルが気道に入ってしまった。間違えたのである。するとウサギは、苦しんだり痙攣《けいれん》したりすることもなく、まるでスイッチをオフにしたかのように死んでしまった。あまりにも簡単に死んでしまったので、しばらく我々は気づかなかったほどである。グループ全員が無言のまま顔を見合わせた。死んだことが信じられなかった。白い毛に覆われた背中をさすったり、耳をそっと引っ張ってみればたちまち死の世界から戻ってきそうに思えた。実際、すこしばかり揺さぶってみたが、ぐったりしたままであった。もはや引き返せない「不可逆な一線」をあっさりとウサギは越えてしまっていた。「実験どころじゃないなあ」とわたしは言ってみたが、誰も反応しなかった。気まずい雰囲気が生じ、そこには恐怖も微妙に混入していた。

僧侶と精神科医

死は、恐怖の対象において別格の扱いとなるだろう。物語であるならば、死を以てストーリーは終わる。だが死んだ本人にとっては、そこから始まる何か（無といったものも含む）がある筈だ。それは自分独りで、孤立無援の状態で受け止めなければならない。しかもそれは〈永遠〉〈未知〉〈不可逆〉という性質を帯びている。

得体が知れぬという点においては、死は「不安」を喚起する事象である。摑み所がなく、曖昧で、準備や対応が一切できぬゆえに強烈な不安を募らせる。が、誰もが必ず死を迎えるのは事実そのものであり、その点において死はきわめて具体的であり鮮明である。となれば、死はむしろ「恐怖」を喚起する事象としたほうが正しいかもしれない。そして実際のところは、不安と恐怖とが混ぜ合わされ倍増されたものが死の放つオーラということになろう。強烈な禍々しさを帯びているのも無理はない。

ネットを覗くと、死が恐ろしくて仕方がない、だから何も手がつかない。どのような心構えを持てば気持ちが安らぐのか、といった質問がたくさん飛び交っている。それに対して、主に僧侶が積極的に返答をしている。どんな答えが示されているのか。

率直に申せば、答えではなくただ言葉のレベルで体裁よく言い繕っているようにしか思えないのである。たとえば「死んでも悔いはない境地を目指しなさい」「だからこそ悔いのない人生を送るべきだ」「いつ死ぬか分からないのだから、せめて今を大切に精一杯生きましょう」といった回答がやたらと目につく。その通りではあるが、質問者は〈永遠〉〈未知〉〈不可逆〉にたじろいでいるのである。そこをスルーしては、「はぐらかし」と思われても仕方があるまい。「(死は結局のところ)もとの場所に戻るだけですから、うろたえる必要なんかないでしょ」といった意味の回答もあった。これはかなりスマートな返答だとは思うが、やはり「ああそうか！　なるほど、そんなふうに考えれば、死なんて恐れるに足らないよねえ。いやあ、すっきりしました、ありがとう」とはなるまい。遠回しに輪廻転生を肯定しているようにも思えるのだが、どうもはっきりしない。

毅然《きぜん》とした口調で、「前向きに充実した人生を送っていれば、死を恐れる暇などないのだ。

すぐに生き方を改めなさい（喝！）」と言い放たれたほうが、威勢の良さで多少は心を鼓舞されるかもしれない。しかし質問者は死の恐怖に囚われ、もはや充実した人生を送るだけの余裕を欠いているからこそ質問をしているのである。こんな回答では、結局のところ役には立つまい。

二〇一九年四月二十六日付の讀賣新聞朝刊の「人生案内」には、三十代の女性会社員が、死が怖くてたまりません、と相談を寄せている。ふとした拍子に死の恐怖が襲いかかってくる。相談の末尾を引用すると、「昨年、祖母を亡くしました。身内の死は耐え難いものですが、私の場合は自分が無になる、という恐怖の方が大きいのです。／死は誰にでもやってきて、逃れることはできません。みんなどのように折り合いをつけているのでしょうか。逃れることができないのなら、死を受け入れるためにどうすればいいのでしょうか」と。

これに対して出口治明《でぐちはるあき》（立命館アジア太平洋大学学長）は、やはり精一杯生きることの大切さを説きつつ、あえて率直な口調でこう結論づける。

僕自身は「わからないことは考えてもしかたがない」と思っています。十年後どうなるか、と死を考えるより、晩ご飯を何にしようか、とか、今の仕事を楽しむにはどうするかといった、目の前のことに熱中する方が好きなのです。

あなたは会社で働いておられるのですから、どうすれば仕事をもっと楽しくできるかといったことを、考えてみてはどうでしょう。

抽象的なことなんかに囚われていないで、とにかくもっと地に足の着いた生活を送ってみれば、精神も日々のリアルに戻ってくるものですよ、というわけだろう。

ここで個人的な考えを述べるならば、質問者たちにおけるいちばんの問題点は、死が恐ろしいというところではない。死に対する恐ろしさをとりあえず脇に置くことができず、とにかくそれを克服しなければ何も始まらないという優先順位のつけ方——その硬直した「こだわり」こそが変なのだ。

もしわたしが回答者の立場に立つとしたら、まず死が恐ろしいのはあなただけではないと（当然至極の）指摘をするだろう。〈永遠〉〈未知〉〈不可逆〉について、理屈っぽい形で納得を得るのは容易ではない。ただし通常の人間の心は、恐ろしいと思いつつもいつしかそれは日常の忙しさや他者との交わりなどの向こうに霞《かす》んでしまう。優先順位の下位へ追いやられてしまう。そんなふうに、ある意味ではきわめていい加減に心は作られており、そのいい加減さが救いになっている。あなたのように「いい加減さ」が巧く機能していないとしたら、それは潔癖症ないしは強迫性障害に近い状態だと思う。あんまり辛いのなら精神科を受診して、抗不安薬やSSRI（一部は強迫性障害に効果あり）をもらってひと息ついたほうがよほど現実的で効果的だと思うよと、きわめて身も蓋もないアドバイスをしそうだ。精神科が救済となるわけではないし、ましてや万能でもない。だが人生を営んでいくために態勢を整えるためのツールにはなるかもしれない、というわけである。

第二章で、ムカデ恐怖症の人が何万匹ものムカデのひしめく穴に放り込まれても、そこで狂気に陥ったりはせずに、脳内物質の分泌や精神が解離することによって現実を一時的にシャットアウトするだろうと述べた。それが現実の人間なのであり、死の恐怖も根源的なものであると同時に、度が過ぎたならば案外と精神科的アプローチ（しかもカウンセリングよりは、薬物や、思考法そのものにアプローチする散文的なプログラムなど）で乗り切れる種類のものでもあると思うのだ。そして猫を飼い始めたり、生活リズムを整えたり、思ってもみなかった人から親切を受けたりしただけで、最重要案件であった筈の死の恐怖がいつの間にかどうでもよくなっていたりするところに、人間の面白さと「したたかさ」が見えてくる。

おわりに

一昨日、本書の原稿を最初から読み直した。第三章に差し掛かると、映画『人間魚雷回天』（一九五五）の話題が出てくる。わたしにとってそれがトラウマ映画となった経緯を述べた箇所だが、そこに絡んで思い出した案件がある。

おそらく一九五七年頃のことだ。小学校に入学する前後であった当方は父に連れられてこの作品を所沢の映画館で鑑賞したのであった。その陰惨な内容に打ちのめされ圧倒されたのだが、父のほうはショックを受けている気配はまったくなかった。ごく当たり前の娯楽映画として観ている様子だった。つまりこの映画が息子に恐怖やトラウマをもたらすなどとはまったく思っていなかったらしい。だから「父は、これを年少の息子に見せることに躊躇しなかったのだろうかと不思議に思わずにはいられない」と記した。

さてわたしが思い出したのは、その父に関することだ。戦争末期に、海軍に所属していた彼が伊号潜水艦への搭乗を志願していたという事実なのである。

もしも潜水艦に乗り組んだとしたら、戦況が悪化していた時期なのである、ほぼ間違いなく海の藻屑《もくず》となっていただろう。しかも酸欠状態で悶え苦しむようなダークな死に方をしていた可能性が高そうだ。

なぜそんな自殺行為に等しいような志願をしたかといえば、死にたいと父は思っていたからである。彼には仲の良い兄がいて、その人は画家であった。気性の激しいところがあって、そのくせ黎明《れいめい》期のアニメーションの作画などにも関わっていたらしい。そのあたりはいずれ暇になったら調べてみたいと思っている。わたしと気が合いそうにも感じられるが、その「兄」は南方の島に送られて戦死し、結局会ったことは一度もない。

「兄」が南の島で戦うことになったのは、父が原因であった。少なくとも父はそう考えていた。若気の至りなのか、父には反戦運動的な活動をした過去があったらしい。それに対する見せしめ的な意味合いで、既に徴兵されていた「兄」がとばっちりを受け、南方戦線に送られた。そして呆気なく戦死した。したがって父は「兄」を殺したも同然である（と、信じていた）。そんな顚末に対する贖罪《しょくざい》および自己嫌悪の思いから、彼はあえて潜水艦で死のうとした。苦痛に満ちた死に方は、むしろ望むところだったのかもしれない。

そうした事情は、わたしが大学生になってから、父から直接聞いた。

聞いた時点で、反射的に映画『人間魚雷回天』の一件を思い起こし、そこから映画を観た際に彼が抱いたであろう屈託に想像力を働かせるべきではなかったのだろうか。だがそのときも、それ以降も、潜水艦搭乗志願と映画とを結びつけたためしは一度もなかったのである。

我ながら、その迂闊さこそが意外そのものである。

そもそも父は最初から『人間魚雷回天』を観るつもりだったのだろうか。昭和三十年代の庶民は、現在のように映画に関する情報を集めたうえで上映開始時間を確認するといった鑑賞法はしていなかった。ある程度の選択肢はあったろうが（スターの誰それが出演しているか、時代物か恋愛物か活劇物かサスペンス物か西部劇か程度の選択肢である）、気が向いたら手近な映画館に入って、上映の途中からでも気にしない、といった「ぞんざい」な鑑賞スタイルが普通だった気がする。もちろん「話題作」は別だったであろうが。

そうなると、たまたま息子を連れて映画館に入ったら人間魚雷（のみならず伊号潜水艦）の映画を上映していたという可能性はある。あるいは二本立て上映の一本だったので、気に留めなかったのかもしれない。もしそうであれば、不意打ち同然である。戦後十二年目にして無防備にスクリーンと向き合ってしまった父は少なからず惑乱したことだろう。いきなり古傷を抉られたような気分になったかもしれない。だが動揺した様子を息子に見せるわけにはいかない。そうなったら、ややこしい事情を説明せねばならなくなるから。

わたしは自分だけがあの映画に恐怖を覚え震撼していたと信じていたが、隣に座っていた父は、息子よりももっと重苦しいものに直面していたのではないか。いや、そうだったに違いない。能天気なことに、それに何十年も気づかずにいたのだ。

戦後まで生き延びてしまった父にとって、『人間魚雷回天』との遭遇は亡霊と出会ってしまったかのような事態だったのではあるまいか。死にまつわる遺恨と罪悪感と自己嫌悪とが、いきなり過去から生々しく蘇《よみがえ》ってきたわけであろうから。

そんなふうに考えると、あの映画館という場そのものが亡霊、いや恐怖と同義であったように思えてくる。それを今になってやっと理解した。もはや六十年以上も前のことなのに。

この本を書かなかったらそんな忌まわしい「発見」をスルーできたのかもしれないと思うと、いささか複雑な気分になってくる。

本書では、恐怖というテーマにさまざまな角度からアプローチを試みた。いったい恐怖というものはそれが恐怖なのか狼狽なのか気味が悪いのか想像の範囲を超えているという実感なのか、考え詰めていくと分からなくなっていくケースが少なくない。個人の感性やこだわりに依存している部分も大きく、一般論がなかなか通用しない。おまけに恐怖を楽しんだり、あえて恐怖と狎《な》れ合うといった態度もあるわけで、そう簡単には腑分けができない。いや、だからこそ面白いテーマなのであり、おそらく決定版の恐怖論など誰にも書き上げることは無理だろうが、せめてさまざまな考え方や感じ方について関心を持っていただければ、それだけで嬉しい。

そんなふうに著者としては考えている。

◆◆◆

フリーの編集者でありライターでもある辻本力さんに声を掛けていただいたことが、この本を書くきっかけとなった。高原英理氏と下北沢の『本屋B&B』でトーク（同氏の『怪談生活』刊行を記念しての）を行った直後であったと記憶している。そうなると、もう六年も経っているということになる。

中公新書から出すという手筈になり、上林達也氏がもう一人の編集者となった。しかし執筆は予想外に手間取り、他にいろいろ本を刊行したものの本書の原稿はなかなか仕上がらなかった。書けば書くほど、あれについても述べたい、これについても論じたい、と対象が広がって収拾がつかなくなってくるのである。いやはや恐怖というテーマには、どこか麻薬にも似た依存性がある。書き上げられないこと自体におかしな快感が伴ってくる。このままだらだらと恐怖に淫していたくなる。さすがにこれではまずいだろうと自覚はするものの、現状から抜け出せない。

そうこうしているうちに上林氏は異動となって新書部門を離れ、楊木文祥氏に担当が代わった。そこでやっと心のギアを入れ直した。三名もの編集者を煩わせ、六年をも要して完成に至ったわけである。辛抱強くフォローしていただいた諸氏には頭が上がらない。そして最後まで本書に付き合ってくださった読者の皆さんにも深謝します。ありがとうございました。

春日武彦

二〇二三年六月十日

春日武彦（かすが・たけひこ）

1951（昭和26）年，京都府生まれ．日本医科大学卒業．医学博士．産婦人科医として6年勤務した後，精神科医に転進．都立精神保健福祉センターを経て，都立松沢病院精神科部長，都立墨東病院神経科部長，多摩中央病院院長，成仁病院院長などを歴任．現在も臨床に携わる．甲殻類恐怖症で猫好き．

著書『不幸になりたがる人たち』（文春新書，2000）
『幸福論』（講談社現代新書，2004）
『無意味なものと不気味なもの』（文藝春秋，2007）
『臨床の詩学』（医学書院，2011）
『猫と偶然』（作品社，2019）
『老いへの不安』（中公文庫，2019）
『無意味とスカシカシパン』（青土社，2021）
『奇想版 精神医学事典』（河出文庫，2021）
『鬱屈精神科医、占いにすがる』（河出文庫，2022）
ほか多数

恐怖《きょうふ》の正体《しょうたい》
中公新書 2772

2023年9月25日初版
2023年11月30日4版

著　者　春日武彦
発行者　安部順一

本文印刷　三晃印刷
カバー印刷　大熊整美堂
製　　本　小泉製本

発行所　中央公論新社
〒100-8152
東京都千代田区大手町 1-7-1
電話　販売 03-5299-1730
　　　編集 03-5299-1830
URL https://www.chuko.co.jp/

Published by CHUOKORON-SHINSHA, INC.
Printed in Japan　ISBN978-4-12-102772-6 C1295

中公新書刊行のことば

一九六二年一一月

いまからちょうど五世紀まえ、グーテンベルクが近代印刷術を発明したとき、書物の大量生産は潜在的可能性を獲得し、いまからちょうど一世紀まえ、世界のおもな文明国で義務教育制度が採用されたとき、書物の大量需要の潜在性が形成された。この二つの潜在性がはげしく現実化したのが現代である。

いまや、書物によって視野を拡大し、変りゆく世界に豊かに対応しようとする強い要求を私たちは抑えることができない。この要求にこたえる義務を、今日の書物は背負っている。だが、その義務は、たんに専門的知識の通俗化をはかることによって果たされるものでもなく、通俗的好奇心にうったえて、いたずらに発行部数の巨大さを誇ることによって果たされるものでもない。現代を真摯に生きようとする読者に、真に知るに価いする知識だけを選びだして提供すること、これが中公新書の最大の目標である。

私たちは、知識として錯覚しているものによってしばしば動かされ、裏切られる。私たちは、作為によってあたえられた知識のうえに生きることがあまりに多く、ゆるぎない事実を通して思索することがあまりにすくない。中公新書が、その一貫した特色として自らに課すものは、この事実のみの持つ無条件の説得力を発揮させることである。現代にあらたな意味を投げかけるべく待機している過去の歴史的事実もまた、中公新書によって数多く発掘されるであろう。

中公新書は、現代を自らの眼で見つめようとする、逞しい知的な読者の活力となることを欲している。

中公新書

日本史

d1

2189 歴史の愉しみ方 磯田道史
2455 日本史の内幕 磯田道史
2295 天災から日本史を読みなおす 磯田道史
2729 日本史を暴く 磯田道史
2579 米の日本史 佐藤洋一郎
2389 通貨の日本史 高木久史
2321 道路の日本史 武部健一
2494 温泉の日本史 石川理夫
2671 親孝行の日本史 勝又基
2500 日本史の論点 中公新書編集部編
1617 歴代天皇総覧（増補版） 笠原英彦
2302 日本人にとって聖なるものとは何か 上野誠
2619 もののけの日本史 小山聡子
1928 物語 京都の歴史 脇田修 脇田晴子
2345 京都の神社と祭り 本多健一

2654 日本の先史時代 藤尾慎一郎
2709 縄文人と弥生人 坂野徹
482 倭国 岡田英弘
147 騎馬民族国家（改版） 江上波夫
2164 魏志倭人伝の謎を解く 渡邉義浩
1085 古代朝鮮と倭族 鳥越憲三郎
2533 古代日中関係史 河上麻由子
2470 倭の五王 河内春人
2462 大嘗祭―天皇制と日本文化の源流 工藤隆
2095 『古事記』神話の謎を解く 西條勉
1502 日本書紀の謎を解く 森博達
2362 六国史《りっこくし》―日本書紀に始まる古代の「正史」 遠藤慶太
2673 国造―大和政権と地方豪族 篠川賢
804 蝦夷《えみし》 高橋崇
1041 蝦夷《えみし》の末裔 高橋崇
2699 大化改新（新版） 遠山美都男
1293 壬申の乱 遠山美都男

2636 古代日本の官僚 虎尾達哉
1568 天皇誕生 遠山美都男
2371 カラー版 古代飛鳥を歩く 千田稔
2168 飛鳥の木簡―古代史の新たな解明 市大樹
2353 蘇我氏―古代豪族の興亡 倉本一宏
2464 藤原氏―権力中枢の一族 倉本一宏
2563 持統天皇 瀧浪貞子
2725 奈良時代 木本好信
2457 光明皇后 瀧浪貞子
2648 藤原仲麻呂 仁藤敦史
2452 斎宮―伊勢斎王たちの生きた古代史 榎村寛之
2441 大伴家持 藤井一二
2559 菅原道真 滝川幸司
2281 怨霊とは何か 山田雄司
2662 荘園 伊藤俊一

心理・精神医学

c1

- 481 無意識の構造（改版） 河合隼雄
- 557 対象喪失 小此木啓吾
- 2061 認知症 池田学
- 2521 老いと記憶 増本康平
- 515 少年期の心 山中康裕
- 1324 サブリミナル・マインド 下條信輔
- 2460 脳の意識 機械の意識 渡辺正峰
- 2603 性格とは何か 小塩真司
- 2202 言語の社会心理学 岡本真一郎
- 666 犯罪心理学入門 福島章
- 565 死刑囚の記録 加賀乙彦
- 1169 色彩心理学入門 大山正
- 318 知的好奇心 波多野誼余夫・稲垣佳世子
- 599 無気力の心理学（改版） 波多野誼余夫・稲垣佳世子
- 2680 モチベーションの心理学 鹿毛雅治
- 2692 後悔を活かす心理学 上市秀雄
- 907 人はいかに学ぶか 稲垣佳世子・波多野誼余夫
- 2238 人はなぜ集団になると怠けるのか 釘原直樹
- 1345 考えることの科学 市川伸一
- 757 問題解決の心理学 安西祐一郎
- 2386 悪意の心理学 岡本真一郎
- 2772 恐怖の正体 春日武彦